JN289422

シリーズ ビジネスの数理
第5巻

筑波大学ビジネス科学研究科 監修

金融・会計の
ビジネス数理

牧本直樹 編著

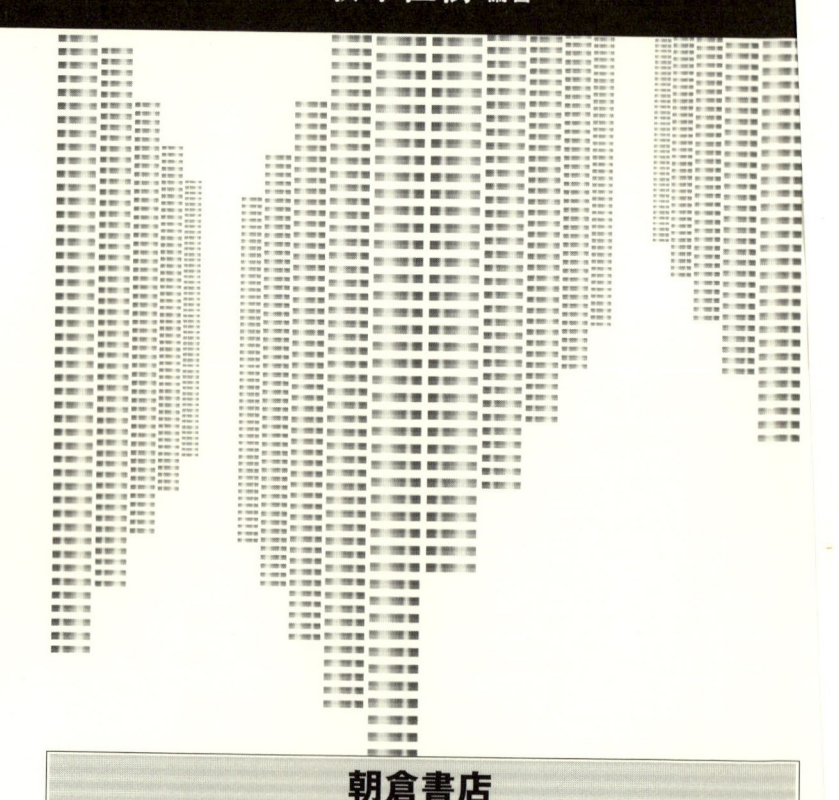

朝倉書店

まえがき

　本「シリーズ ビジネスの数理」では，ビジネスで活用される多種多様な数理分析手法を，テーマや手法ごとに分類・整理して解説している．これまでに刊行された「入門編」(1巻) やそれに続く「基礎編」・「実践編」(2～4巻，続巻) では，ビジネス数理の基礎や代表的な分析方法を紹介してきた．これに対し，「金融・会計のビジネス数理」と題した本書は「事例編」として位置づけられており，実際のデータを利用してビジネス上のさまざまな課題を分析した事例を中心に編集したものである．

　実務に携わる方が，本シリーズで対象とするような数理的手法を学ぶ際に最も気になるのは，それが実際に使えるものなのかどうか，という点ではないだろうか．確かにどのような手法であれ，数理モデルを利用した分析では実際の問題を"簡略化"したり"理想化"したりすることが行われる．分析の俎上に載せるためにはやむを得ないことではあるが，過度に簡略化・理想化されたモデルは，本来の問題からかけ離れ，ビジネスのための数理ではなく数理のための数理となってしまう危険性がある．そうならないためには，問題の根幹となる部分は残しつつ，枝葉の部分は簡略化・理想化していくという見極めが大切になる．その意味で，よい数理的分析を行うには，まずビジネスの問題をよく理解していることが必要であると言えるだろう．こうして作られた適切なモデルは，実際の問題を完全に表現しているわけではないが，その分析結果は問題解決へ向けた重要な示唆を与えてくれるはずである．

　本書は，金融・会計分野における数理的手法を包括的に解説した第1章と，具体的な課題に対して実際に分析を行った8編の事例 (第2章～第9章) から構成されている．第2章～第9章は，金融工学や財務会計の実務に携わりながら

(あるいは実務に携わった経験を持ち)，これらの分野で活発に研究を行っている8名の方に執筆をお願いした．各章で扱う問題や分析手法はそれぞれ異なるが，いずれの問題も執筆者が経験してきたビジネス上の課題と密接に結びついたものである．上で述べたように，よい分析には問題の根幹を捉えたモデル化とそれに適した分析手法の選択が重要であるが，とは言え，現実の問題では多くの要因が複雑に絡み合うため，こうした状況に対応できる統一的なアプローチがあるわけではない．各章の分析は，試行錯誤を重ねてそのような困難を克服してきた成果でもあり，多様な事例を学ぶことで一人一人が自分なりのアプローチを構築していく手掛かりを得られるのではないかと思う．

各章の執筆者の多くは，実務に携わりながら社会人学生として筑波大学大学院ビジネス科学研究科の博士課程を修了しており，いくつかの章は学位論文の内容をもとにして執筆されている．そのため，実務的課題を対象としながらも，分析内容は学術的な視点から見ても十分に興味深いものになっているものと考えている．また，広く活用されている標準的な手法に加えて，近年注目を集めている先端的な手法も含まれているので，その点でも楽しんでいただけるのではないかと思う．実務家が持つ問題意識や経験と，大学が持つ研究資源が結びつくことで，ビジネスと学会の境界を越えた問題解決への道が拓ける．本書を読んでそうした可能性を感じていただければ幸いである．なお，紙幅の関係で技術的な細部の説明を省略した部分もあるが，興味を持たれたテーマについては，ぜひ各章末の「お薦めの3冊」や本シリーズの各巻を参照していただきたい．

最後に，本シリーズの監修者である椿 広計教授ならびに朝倉書店編集部からは，本書の企画から内容に至るまで多くのアドバイスをいただいた．ここに記して感謝したい．

2007年8月

牧 本 直 樹

目　　次

1. 金融・会計のビジネス数理 ……………………………………[牧本]…1
   1.1 金融・会計分野における数理分析手法の活用 ……………………… 1
   1.2 金融・会計分野で利用される数理分析手法 ………………………… 3
   1.3 各章の紹介 ……………………………………………………………… 6

2. 年金資産運用管理と意思決定 …………………………………[玉之内]…12
   2.1 はじめに ………………………………………………………………… 12
   2.2 年金ALMと年金運営政策 …………………………………………… 13
      2.2.1 年金資産運用の投資政策 ……………………………………… 14
      2.2.2 分散投資の原則と政策資産配分 ……………………………… 14
   2.3 投資における資産配分の重要性 ……………………………………… 16
      2.3.1 目標収益率の設定 ……………………………………………… 17
      2.3.2 資産配分設定の重要性 ………………………………………… 19
   2.4 政策資産配分の意思決定 ……………………………………………… 22
      2.4.1 不足可能性を金額で把握する ………………………………… 23
      2.4.2 期待不足額とショートフォール確率 ………………………… 25

3. 事業計画策定における「予測市場」の活用 …………………[山口]…30
   3.1 事業計画策定における予測問題 ……………………………………… 30
      3.1.1 事業計画策定のプロセス ……………………………………… 30
      3.1.2 将来キャッシュフローの予測 ………………………………… 31
      3.1.3 ボラティリティの予測 ………………………………………… 32

3.2 予測市場とは …………………………………………………… 33
3.2.1 予測ツールとしての「市場」…………………………… 34
3.2.2 予測市場のパフォーマンス…………………………… 34
3.2.3 予測市場の分類………………………………………… 37
3.3 予測市場の理論的背景 ……………………………………… 40
3.3.1 予測証券のペイオフ構造………………………………… 40
3.3.2 市場メカニズムと情報…………………………………… 42
3.3.3 真の主観的予測の表明…………………………………… 43
3.4 予測市場を用いた事業計画策定 …………………………… 43
3.4.1 将来キャッシュフローの予測…………………………… 44
3.4.2 ボラティリティの予測…………………………………… 45

4. 市場の効率性と投資家行動―エージェントベースモデルによる分析―
……………………………………………………………………[高橋]…51
4.1 はじめに ……………………………………………………… 51
4.2 関連研究 ……………………………………………………… 52
4.3 モデル ………………………………………………………… 54
4.3.1 市場において取引可能な資産…………………………… 54
4.3.2 パッシブ運用を行う投資家……………………………… 55
4.3.3 自らの相場観に基づき超過収益獲得を目指す投資家 ……… 55
4.3.4 取引価格の決定…………………………………………… 57
4.4 分析結果 ……………………………………………………… 57
4.4.1 ファンダメンタリストとパッシブ運用を行う投資家が取引を行う場合……………………………………………………………… 57
4.4.2 3種類の投資家が取引を行う場合……………………… 62

5. 個人向け 10 年変動利付き国債のアナトミー ……………[宮崎]…70
5.1 はじめに ……………………………………………………… 70
5.2 法人向け 15 年変動利付き国債と個人向け 10 年変動利付き国債 …… 71
5.2.1 法人向け 15 年変動利付き国債の商品設計……………… 71

5.2.2　個人向け10年変動利付き国債の商品設計 ……………………… 72
　5.2.3　類似点と相違点 …………………………………………………… 72
　5.2.4　個人向け10年変動利付き国債の評価に簡便な公式が利用できない理由 ……………………………………………………………… 73
　5.2.5　コンスタントマチュリティ・スワップと通常のスワップとの相違点 …………………………………………………………………… 73
5.3　フォワードレート・マーケットモデルの枠組みと個人向け国債の評価手順 ………………………………………………………………………… 74
　5.3.1　フォワードレートに関する記法とフォワードレートのダイナミクス ……………………………………………………………………… 74
　5.3.2　フォワードレート・マーケットモデルに基づくシミュレーション法 ………………………………………………………………… 76
　5.3.3　リスク中立フォワードレートとその近似 ……………………… 77
　5.3.4　個人向け10年変動利付き国債の評価手順 ……………………… 79
5.4　数　値　例 ………………………………………………………………… 80
　5.4.1　デ　ー　タ ……………………………………………………………… 80
　5.4.2　フォワードレートに関する単位期間ごとの定数ボラティリティの推定結果とリスク中立ドリフトにおける近似手法 (1), (2) の近似精度比較 ……………………………………………………………… 83
　5.4.3　個人向け10年変動利付き国債のアナトミー …………………… 85

6. 金融時系列データの分析 ……………………………………… [伊藤] … 95
6.1　はじめに …………………………………………………………………… 95
6.2　見せかけの回帰 …………………………………………………………… 97
6.3　単位根検定 ………………………………………………………………… 99
　6.3.1　DF (Dickey/Fuller) 検定と ADF (Augmented Dickey/Fuller) 検定 ………………………………………………………………… 99
　6.3.2　PP (Phillips/Perron) 検定 …………………………………… 100
　6.3.3　KPSS (Kwitakowski/Phillips/Schmidt/Shin) 検定 ……… 100
6.4　共和分検定 ………………………………………………………………… 101

6.4.1　Engle/Grangerによる方法 …………………………………… 101
　　6.4.2　Johansenによる方法 ………………………………………… 103
　6.5　コモントレンド ………………………………………………………… 105
　6.6　Granger因果性の検定 ………………………………………………… 106

7. 会計基準の収れんは投資家にとって有益か ……………[八重倉]… 111
　7.1　は じ め に ……………………………………………………………… 111
　7.2　先 行 研 究 ……………………………………………………………… 113
　7.3　研 究 仮 説 ……………………………………………………………… 115
　7.4　データと研究方法 ……………………………………………………… 116
　　7.4.1　デ　ー　タ ……………………………………………………… 116
　　7.4.2　統計的検定 ……………………………………………………… 117
　7.5　実 証 結 果 ……………………………………………………………… 118
　7.6　感応度チェック ………………………………………………………… 120
　　7.6.1　「遅い公表」の前後のプライシング ………………………… 120
　　7.6.2　「良い」ニュースおよび「悪い」ニュース ………………… 121

8. 格付けと財務比率の非線形な関連性に関する分析 ………[安川]… 126
　8.1　は じ め に ……………………………………………………………… 126
　8.2　順序ロジットモデルと加法順序ロジットモデル …………………… 128
　8.3　分析データと記述的な分析 …………………………………………… 129
　　8.3.1　分析対象と使用変数 …………………………………………… 129
　　8.3.2　記述的な分析 …………………………………………………… 132
　8.4　モデルの構築 …………………………………………………………… 135
　　8.4.1　順序ロジットモデルの推定結果 ……………………………… 135
　　8.4.2　加法順序ロジットモデル ……………………………………… 136
　　8.4.3　非線形構造を反映した順序ロジットモデル ………………… 138
　　8.4.4　モデルのあてはまり …………………………………………… 139

- **9. 共分散構造分析を用いた M&A や提携の目的と効果の因果関係の検証**
  ....[鈴木]...144
  - 9.1 M&A と提携の効果分析とコスト低減の観点 144
  - 9.2 検証方法と質問紙調査の概要 146
  - 9.3 M&A の経営効果と財務効果 147
    - 9.3.1 潜在変数と潜在変数の 1 因子モデル 147
    - 9.3.2 コスト低減・パフォーマンス・財務指標の関係性 150
    - 9.3.3 M&A によるコスト低減に関する修正モデル 152
    - 9.3.4 M&A による研究開発活動 153
    - 9.3.5 潜在変数と観測変数の特徴 154
    - 9.3.6 潜在変数間の因果関係についての考察 155
  - 9.4 提携の経営効果と財務効果に関する検証 156
    - 9.4.1 構成概念間の因果関係－提携によるコスト低減－ 156
    - 9.4.2 提携による研究開発活動 158
    - 9.4.3 提携における潜在変数と観測変数の特徴 159
    - 9.4.4 潜在変数間の因果関係 160
  - 9.5 拡張モデルの分析 160
    - 9.5.1 M&A における 5 個の潜在変数の関係 160
    - 9.5.2 提携における 5 個の潜在変数の関係 163
  - 9.6 検証結果と結論－M&A と提携の効果の比較－ 165

- 索　引 169

1

金融・会計のビジネス数理

　本章では，まず金融・会計分野における数理分析手法の必要性や役割を概説し，次に，目的とアプローチの2つの視点から，数理分析手法を整理・分類し，その体系を説明する．最後に，第2章～第9章で解説するさまざまな具体的手法について，その概略や特徴，関連する理論や知識などを紹介する．

1.1　金融・会計分野における数理分析手法の活用

　この20年間，日本の金融や経済は大きなうねりの中にあった．バブル経済とその崩壊，長引く景気低迷，金融機関の破綻と銀行への公的資金投入，ゼロ金利政策など，過去に例のないさまざまな出来事は，個人の生活から企業活動，国の経済政策などに大きな影響を与えてきた．これらの出来事は日本社会にとって厳しい経験ではあったが，一方で，戦後長く続いてきた制度や慣行が見直され，21世紀の新しい金融システムへと転換する契機ともなった．例えば，相次ぐ金融機関の破綻を受けて，金融行政は護送船団方式と呼ばれた事前規制型から事後チェック型へと移行しつつある．また，企業活動においても，株式持合の解消や，企業価値を意識した経営など，従来の日本型経営と異なる方向性が広がりを見せている．こうした新しい潮流の中では，企業や行政は透明性の高い情報開示と，客観的な分析・評価に基づく合理性な行動を求められることになる．数理分析手法は，このような新しい金融システムの透明性，客観性，合理性を実現するための重要なツールの1つであり，ここ20年の間に大きな進歩を遂げてきた．以下では，その全体像を俯瞰してみよう．

金融・会計分野ではさまざまな数理分析手法が利用されているが，その目的は大きく2つに分けることができる．1つは「計量化」であり，もう1つは上で述べた「客観性」や「合理性」の実現である．計量化については，金融商品の価格から保有資産のリスクまで，すべてを数値化して評価することで，それに基づいた意思決定や行動が可能となる．客観性の実現とは，同じ分析手法（モデル）を利用して同じ手順で評価すれば，誰が行っても同じ結果が得られるという意味で，知識や経験に依存しない分析が可能になるということである．また，異なる対象を同じ方法で分析することで，結果を比較したり，良い方を選択したりできるという点で，合理的な意思決定に結びつけることも可能となる．

金融・会計分野で活用される数理分析手法は，目的によって大きく，金融工学，金融市場分析，財務会計に分類することができる．

- 金融工学

  金融工学は，さらに資産配分の最適化とデリバティブ価格評価に分けることができる．資産配分最適化では，金融市場で取引される株式や債券をどのように組み合わせることで，リスクを抑えながら収益を上げることができるかを分析する．一方，デリバティブ価格評価では，オプションやスワップなどの価格式に基づいて，デリバティブ（金融派生商品）の価格を分析する．最近では，これらのデリバティブ評価法を応用して，金融以外の不動産やプロジェクトなどへの投資評価を行うリアルオプションも注目を集めている．またリスクに対する規制強化（BIS規制など）や意識の高まりを受けて，信用リスクや市場リスクなどの金融リスクの評価やマネジメント手法にも注目が集まっている．

- 金融市場分析

  株式や債券などの価格は，その資産の本源的な価値以外にも，決算やアナリストレポートなどの情報，合併や買収などのイベントによる影響を受けて変動する．また同じ株式でも，取引方法が異なれば価格過程にも変化が生じる．金融市場分析では，こうしたさまざまな要因が市場で観測される価格にどのような影響を与えているのか，アノマリーと総称される非合理的な価格形成が観察されるかどうか，といった問題を実際の市場データに基づいて統計的に分析する．こうした分析は，より適切な市場設計や情報提

供，投資行動のあり方を議論する上で不可欠である．最近では，コンピュータ上に構築した仮想的な市場で投資家に取引させることで，価格変動の特性を分析する人工市場による分析も行われるようになっている．

- 財務会計

  企業の財務戦略（資本構成，資金調達，配当政策など）と業績や株価の関連，財務データと格付けや倒産の関連，企業経営と財務データの関連などを，財務情報や金融市場データに基づいて統計的に分析する．日本でも M&A や業務提携，持株会社への移行などが増えつつあり，こうした選択が有効に機能しているかどうかを業績や財務の点から評価する分析の重要性が増している．このような分析を通して，企業側は適切な経営・財務上の戦略の指針を得ることができ，一方，投資家側は企業を適切に評価することが可能となる．

金融・会計の諸問題は，企業・行政・投資家などの立場によって目的やアプローチが異なるため，上に示したのはあくまで大まかな分類であり，そのほかにもさまざまな数理分析手法が存在する．例えば，クレジットカード会社が顧客の与信判断をする場合は，膨大なデータをもとに年齢や職種などのプロファイルからリスクを評価する手法を利用するが，こうした手法は金融というより工学的な探索的データ解析の問題に近いといえよう．いずれにせよ，データやモデルを用いてなるべく客観的な方法で求めたい量を計算し，それに基づいて意思決定を行うことが数理分析の目的となる．もちろん，複雑な現象すべてを数理的に記述したり分析できるわけではないから，利用にあたっては結果の解釈や手法の限界をよく理解することが必要であるが，客観性や透明性が求められるこれからの金融・会計分野では，金融資産の価値，市場や企業の本質を捉えた適切な数理的分析が必要不可欠である．

1.2　金融・会計分野で利用される数理分析手法

前節では金融・会計における数理分析手法の目的を概観したが，本節ではどのような要素技術が金融・会計における数理分析手法として利用されているかを分類して説明する．

分析方法を大別すると，資産価格変動を表現するモデルを構築し，その上で分析対象である量を理論解析または数値解法やシミュレーションで計算するアプローチ（モデルアプローチ）と，市場や財務などのデータに基づいて資産価格の変動を最もよく説明する統計モデルを選択したり構成したりするアプローチ（データアプローチ）の2つに分類できる．

- モデルアプローチ

 資産価格の時間変動を表すモデルとして確率過程が利用される．特に，デリバティブの価格評価では，原資産価格を確率微分方程式で記述し，解析することが多い．

 資産配分の最適化では，線形・非線形計画法などの最適化手法が利用される．また多期間にわたる最適意思決定問題では，動的計画法が利用されることもある．

 デリバティブでは，求めたい価格が解析的な公式として求まらないケースが多い．そのような場合は，価格が満たす微分方程式の数値解法や，価格の変化を離散化した二項モデルに対する数値計算を利用する．

 数値計算も利用できない複雑な問題では，原資産の動きをシミュレートして実験的に価格を求めるモンテカルロ・シミュレーションによる評価が中心となる．

- データアプローチ

 資産価格の時間変動を記述するためには時系列解析が利用される．一般的な自己回帰モデル，自己回帰移動平均モデルに加えて，資産価格の複雑な変動を記述するための GARCH（一般化自己回帰不均一分散）モデルや，複数資産間の相関を表現するための多変量回帰モデルなども利用される．決算などの情報が資産価格に与える影響を分析する場合は，イベントスタディの手法が使われることが多い．

 市場データや財務データの変量間の分析では，多変量解析が利用される．例えば，倒産・非倒産の識別では判別分析，倒産確率の推定では一般化線形モデルなどが利用される．最近では，データマイニングなど探索的なデータ解析手法の利用も増えつつある．

 わかりやすく説明するために2つのアプローチを区別して紹介したが，両者

は排反の関係にあるわけではない．モデルアプローチにおいてパラメータを決める際にはデータに基づく推定を行い，逆にデータアプローチのもとになる統計モデルの解析にはモデルアプローチが利用される．分析対象となる量を，2つの異なる視点から捉え，相補的な役割を果たしていると考えればよいだろう．

本節の終わりに，参考データとして筑波大学大学院ビジネス科学研究科企業科学専攻システムズ・マネジメントコースの博士学位論文（平成10〜18年修了）の中から，金融・会計に関連するいくつかの論文のタイトルと概要を紹介しておこう．どういったテーマをどのように分析しているか，具体的なイメージを持っていただければ幸いである．

1) 「企業倒産予知情報の形成に関する研究」（白田佳子氏）
   財務データを利用した判別分析によって，倒産企業と非倒産企業を判別する統計モデルを構築している．

2) 「Valuation of Hedging Instruments in the Yield Enhancement」（宮崎浩一氏）
   オプション価格理論を応用して，金利デリバティブのヘッジ手法の効果を分析している．

3) 「日本における金利の期間構造分析－金融政策の効果とインフレ情報を中心に－」（伊藤隆康氏）
   金利の時系列分析によって，日銀の金融政策がどの程度の期間において影響を及ぼすかを分析している．

4) 「Optimal Execution of Security Trading」（小西秀氏）
   確率的制御理論を利用して，株式市場における最適な売買執行戦略を導出している．

5) 「日本におけるM&Aの実証研究 －発表日前後の株価変動の分析－」（井上光太郎氏）
   イベントスタディによって，M&Aの公表が株式価格に与える影響を分析している．

6) 「順序離散データモデルの拡張による格付けデータの分析」（安川武彦氏）
   離散データである格付けが財務データとどのように関係しているかを分析している．

7) 「金融市場における投資行動と株価変動に関する研究」(高橋大志氏)
人工市場のシミュレーションをもとに，投資家の行動が株価の形成に与える影響を分析している．

8) 「グローバル資産市場リターンの動学モデルと国際分散投資の妥当性」(中島英喜氏)
多変量時系列分析によって，国際分散投資に観察されるアノマリーを分析している．

9) 「Real Options in the Japanese Real Estate Market」(山口浩氏)
リアルオプションを利用して，日本の不動産市場の価格形成や規制の効果などを分析している．

10) 「日本における企業間関係の構築によるコスト低減」(鈴木浩三氏)
わが国の製造業を対象に，コスト低減の観点を軸に，財務効果や企業のパフォーマンスとM&Aや提携の関係を分析している．

11) 「Emerging Market Currencies and Active Portfolio Management」(福原正大氏)
極値モデルやレジームシフトモデルを利用して，エマージング市場における為替ポートフォリオのリスク管理や最適化手法を開発している．

1.3　各章の紹介

　本書の第2章～第9章は，金融・会計分野で利用される具体的な数理分析手法を各テーマの専門家が解説する内容となっている．読者の興味の多様性を考慮して，テーマは金融・会計の実務で利用されることの多いコア技術から，最近注目を集めている先端的な手法まで幅広く取り上げた．各章の間には内容や利用する手法の重複はなく独立して読めるように書かれているので，読者が興味を持った章から読んでいただければよいだろう．以下この節では，各章の位置づけを概説し，それぞれの章を読むために役立つと思われる背景や予備知識を説明する．

　まず第2章～第9章を大別すると，第2章～第6章は金融，第7章～第9章は会計に関するテーマに分けられる．さらに1.1節の内容による分類，1.2節の

1.3 各章の紹介

手法／目的	金融工学	金融市場分析	財務会計
モデルアプローチ	第2章, 第5章	第3章, 第4章	
データアプローチ		第6章	第7章, 第8章, 第9章

手法による分類に従うと，上記の表のようにまとめることができる．もちろんこれは各章のコアとなる内容での分類であって，前にも述べたようにそれぞれのテーマは表に記されていないカテゴリの内容とも関わりがあることが多い．例えば，第5章では実際のデータを使った市場の分析も詳細に行っているので，データアプローチとしての側面や，金融市場分析としての側面も持ち合わせている．それでは，表に示した各章の位置づけを頭に置きながら，各章の内容を紹介していこう．

第2章[*1]「年金資産運用管理と意思決定」（玉之内直氏）では，年金資産の運用管理を例に数理分析手法を利用した意思決定について解説している．巨額の年金資金を運用する年金基金では，積立と給付の双方を勘案しながら，株式や債券へ分散投資を行っている．年金基金は長期投資が前提であるから，リバランスによってリスクとリターンのレベルを適切に管理することが重要となるが，将来の収益は不確実性を伴うため，数理モデルを利用した予測が必要となる．第2章では，そのような予測とそれに基づく意思決定（この場合はポートフォリオのリバランス）の手順を紹介しながら，その際に注意すべき点について説明している．具体的には，入力数値によって結果が大きく変化するケースがあること，数理モデルには「使用上の注意」とでも呼ぶべき前提条件があり，その確認が必要であること，などを数値例を使いながら示している．また，意思決定では常にトレードオフの問題がつきまとうが，特にリスクとリターンのように単純には比較できない項目がある場合へのアプローチについても紹介している．なお，第2章で指摘している分析上の注意点は，金融分野に限らず数理モデルを利用する場合一般にあてはまる事項であり，こうした分析を行う際には常に意識しておくとよいだろう．

第3章[*2]「事業計画策定における「予測市場」の活用」（山口浩氏）も予測を

[*1] 第2章に関連する内容は，本シリーズの『ビジネス数理への誘い』（第1巻），『ビジネスへの確率モデルアプローチ』（第3巻），『ファイナンス計算法』（続巻）にも解説されている．

[*2] 第3章に関連する内容は，本シリーズの『ビジネス数理への誘い』（第1巻），『ビジネスへの確率モデルアプローチ』（第3巻）にも解説されている．

テーマとしているが，比較的オーソドックスな手法を述べた第 2 章と異なり，近年米国などで注目を集めている「予測市場」という新しい方法を紹介している．

予測市場は，人工市場における実験アプローチを応用した予測手法で，参加者が自身の予測の成否に応じて損益を（仮想的に）受け取る市場を構築し，そこでの取引を繰り返すことで市場全体としての予測を決める手法である．2004 年のブッシュ大統領再選をはじめ，過去の大統領選挙では世論調査を上回る予測精度を示したことなどで注目を集め，最近では株価や物価水準などの金融経済指標，スポーツの勝敗，映画の興行など幅広い対象について行われている．第 3 章では，利用目的，参加者，証券や市場の制度などで予測市場を分類・整理しながらその仕組みをわかりやすく紹介するとともに，数理モデルとしての理論的背景についても解説している．また予測市場を利用した事業計画策定の方法を詳しく説明しており，ビジネスへの応用としても興味深いものとなっている．

第 4 章[*3)]「市場の効率性と投資家行動－エージェントベースモデルによる分析－」（高橋大志氏）も人工市場を利用したアプローチだが，実際に人間が投資を行う第 3 章の予測市場と異なり，コンピュータ上に構築された市場で行われる仮想的な投資家（エージェント）の取引を利用して分析を行う．コンピュータの高速化・大容量化によって，従来は難しかった大規模な人工市場の構築と実験が可能となったため，それを利用した市場や社会の分析はさまざまな分野で広がりを見せている．

第 4 章では，リスクやリターンの選好，運用方針などが異なる投資家が市場に混在する場合，取引がどのように進行し，どのタイプの投資家が利益を上げるのか，といった分析をさまざまなケースに対して行っている．また，その結果を詳細に分析し，合理性を前提とする金融理論と整合的な結果が生じるための条件や，非合理的な投資家の存在が市場に与える影響などについて考察を行っている．実際の市場はさらに複雑で，必ずしもここでの結果があてはまるとは限らないが，投資家の合理性を前提とする理論を超えた部分でどういった現象が起こるかを例示している点で興味深いといえよう．

[*3)] 第 4 章に関連する内容は，本シリーズの『ビジネス数理への誘い』（第 1 巻），『ビジネスへの確率モデルアプローチ』（第 3 巻），『ファイナンス計算法』（続巻）にも解説されている．

第 5 章*4)「個人向け 10 年変動利付き国債のアナトミー」(宮崎浩一氏) では個人向け国債の価格を分析している．バブル経済崩壊以降の財政政策による国債発行の多様化の一環として，個人向け国債 (5 年固定金利，10 年変動金利) が発行され，国債市場の商品として成長しつつある．第 5 章では，10 年変動金利の個人向け国債の商品設計をもとに，金融工学の手法を駆使して価格評価の手順を構築している．また，実際の市場データに基づいて，満期が価格に与える影響など国債価格の特性を明らかにしている．

第 5 章の細部まで理解するには，金融工学における金利モデルなどの知識が必要とされるが，そうした予備知識がない方にも，数理モデルを利用した金融商品の価格評価とはどういうものなのかということは伝わるのではないかと思う．なお，こうした金融工学の知識に興味がある方は，執筆者の宮崎氏が書かれた金融工学の入門書『証券分析への招待』(サイエンティスト社) や，『期間構造モデルと金利デリバティブ (シリーズ〈現代金融工学〉第 3 巻)』(木島正明著, 朝倉書店) などを参照されるとよいだろう．

第 6 章*5)「金融時系列データの分析」(伊藤隆康氏) は，金融時系列データを分析するための手法の簡潔なサーベイである．金融や経済時系列データの中には，非定常性を持つ (データの統計的性質が時間的に一定でない) ものが少なくないが，第 6 章ではそうしたデータを分析するための時系列モデルの利用方法として，見せかけの回帰，単位根，共和分，コモントレンド，Granger の因果性について述べている．いずれも実際の金融経済データを用いた分析例を交えながら解説されているので，具体的な理解がしやすいであろう．なお，金融や経済時系列の技術的な側面をもう少し詳しく知りたいという方は，第 6 章のお薦めの 3 冊を参考にされるとよいだろう．また，第 6 章で紹介した時系列モデルを駆使して日本の金利データを分析した成果が『長期金利と中央銀行－日本における金利の期間構造分析－』(伊藤隆康著, 日本評論社) にまとめられているので，時系列解析の詳細や，日銀の金利政策の分析に興味がある方に一読

---

*4) 第 5 章に関連する内容は，本シリーズの『ビジネス数理への誘い』(第 1 巻)，『ビジネスへの確率モデルアプローチ』(第 3 巻)，『ファイナンス計算法』(続巻) にも解説されている．

*5) 第 6 章に関連する内容は，本シリーズの『ビジネス数理への誘い』(第 1 巻)，『ビジネスへの統計モデルアプローチ』(第 4 巻)，『ファイナンス計算法』，『ビジネスデータ解析』(いずれも続巻) にも解説されている．

をお勧めする.

　第7章からは会計分野での数理分析手法の利用例の解説となる.まず第7章[*6]「会計基準の収れんは投資家にとって有益か」(八重倉孝氏)では,外国投資家が国内投資家と同じように会計情報を解釈し,企業価値の評価を改訂しているかどうか,という問題を統計的仮説検定を利用して分析している.具体的には,日本(東京)と米国(ニューヨーク)の両方の市場に株式を上場している企業に対して,利益情報の株価への反映が日米の市場で同じであるという仮説を設定し,2つの市場の株式価格データを用いて検定を行っている.その結果,仮説は棄却,すなわち利益公表後の株価形成は日本と外国の投資家では異なるという結論を示している.またその結果から,国際会計基準の収れんが国際投資家にとって有益であることを指摘している.

　第8章[*7]「格付けと財務比率の非線形な関連性に関する分析」(安川武彦氏)では,社債格付けと企業財務の間にどのような関連性があるのかを分析している.格付けは,社債投資家にとっては投資判断の重要な情報であり,資金調達を行う企業にとっては調達コストを決定する要因となるため,資本市場での影響は大きいが,どのように決定されているかは明確に開示されていない.そこで,第8章では,格付け決定において重視される4つの財務指標と格付けとの関連を調べている.具体的には,加法順序ロジットモデルを利用して推定を行い,4指標のうちキャピタリゼーションとEBITDA変動係数の影響はほぼ線形であるのに対し,負債キャピタリゼーション比率とROAはある水準を境にして格付に与える影響が変化するという結果を得ている.また,観察された非線形的な関係を反映するようにモデルを修正することで,実際の格付けをより正確に判別できることも示している.

　第9章[*8]「共分散構造分析を用いたM&Aや提携の目的と効果の因果関係の検証」(鈴木浩三氏)では,M&Aや提携の効果について分析を行っている.具

[*6] 第7章に関連する内容は,本シリーズの『ビジネス数理への誘い』(第1巻),『ビジネスへの統計モデルアプローチ』(第4巻),『ビジネスデータ解析』(続巻)にも解説されている.

[*7] 第8章に関連する内容は,本シリーズの『ビジネス数理への誘い』(第1巻),『ビジネスへの統計モデルアプローチ』(第4巻),『ビジネスデータ解析』(続巻)にも解説されている.

[*8] 第9章に関連する内容は,本シリーズの『ビジネス数理への誘い』(第1巻),『ビジネスへの統計モデルアプローチ』(第4巻),『ビジネスデータ解析』(続巻)にも解説されている.

体的には，M&Aや提携による諸活動が経営上のパフォーマンスに影響するとともに財務業績の向上をもたらす，という仮説に対して，アンケートと財務データに基づく分析を行い，M&Aや提携が効果をもたらす状況を調べている．その結果，M&Aではコスト低減活動が財務諸表の改善を促進するが，提携では促進的ではないこと，一方，M&Aによる研究開発活動は，財務諸表の改善への促進的な影響は観測されないが，提携では促進的に働く傾向があることなどが観測された．また，M&Aによるコスト低減では長期的評価（経営者の主観的評価）と短期的評価（財務指標上の評価）が一致する傾向にあるが，提携では両者の評価は異なる傾向があることも明らかにされている．

日本でもM&Aや提携のニュースが日常的になりつつあるが，その目的や企業間の関係はさまざまで，M&Aや提携が当初意図した効果をもたらすための条件を明らかにすることは，今後のこうした活動を考える上で重要な成果と考えられる．

以上，駆け足で各章の内容を紹介してきたが，前にも述べたように，各章は内容的にも利用している数理分析技術でも重複はないので，興味を持った章から読み進めるとよいだろう．なお，各章末には《お薦めの3冊》と題して，あまり予備知識を持たない方がその章の内容を理解するために役立つ日本語のテキストを挙げているので，そちらも参考にされるとよいと思う．

2
年金資産運用管理と意思決定

資産運用は,「お金」を扱っている．本章では,年金資産運用管理における意思決定を例に,さまざまな数学的手法から得られるアウトプットを「お金」の言葉（＝金額）に直すためのアイデアを示す．意思決定を行う者は,こうしたアイデアを用いることによって,意思決定を行うべき選択肢を絞り込むことが可能となる．このほか,本章では,資産運用目標を設定する考え方,資産配分が資産運用の結果に及ぼす影響の視覚化などについても,具体的な例により説明を行う．

2.1　はじめに

わが国における年金制度は,年金給付額が一定である代わりに掛金額が変動する可能性のある年金制度,および,掛金額が一定である代わりに,資産運用の結果に応じて将来受け取ることのできる年金額が変動する年金制度に大別できる．本章では,年金給付額が一定である代わりに掛金額が変動する可能性のある年金制度を前提として,投資意思決定に関わるいくつかの重要なトピックについて議論する．

年金資産運用を行う機関投資家には,投資行動に対する立場の違いにより2つの種類が存在する．まずは,企業年金基金,あるいは厚生年金基金[*1]（以降,単に年金基金と呼ぶ）などから多額の資金運用を受託し,与えられたガイドラ

[*1] 正確な分類は,多少複雑である．詳細については,坪野[1] などを参照されたい．本章は,年金制度の解説を行うことを目的としていないため,あえて年金運営を行う主体を分類せず,これらを総称して単に「年金基金」と表現する．

インのもとで自らの投資判断[*2)]により運用を行う機関投資家である．信託銀行，生命保険会社，あるいは，投資顧問（投信）会社は，こうした機関投資家に相当する．

次に，大部分の年金基金は，運用会社に資金運用を委託することにより[*3)]，年金資金の運用を行っている．年金基金は，資本市場に対し直接的な投資行動を行わないものの，運用会社を通じ自らの資金の運用を行っているという意味において機関投資家である．

年金資産運用について議論するとき，運用会社の立場では，運用の方法論などが主な論点となる．一方で，年金基金の立場の年金資産運用とは，負債認識とそれに見合ったリスク選好度合いにより資産運用戦略を立案，管理し，年金基金を運営する一連のプロセスのことを指す．本章は，後者の立場によって年金資産運用を考えるものとする．

年金資産運用では，投資意思決定，リスク管理などの実践に際し高度な数学的手法が用いられている．本章の目的は，企業活動の意思決定に携わる読者が，さまざまな数学的手法を利用して企業活動の意思決定を導く際，年金資産運用を例に，心得るべき事柄について整理する一助を提供することである．

2.2　年金 ALM と年金運営政策

年金資産運用における投資政策は，長期投資を前提とし，従業員の成熟化，掛金収入，給付支出などといった負債構造を踏まえ策定されなければならない．年金基金が今後数年間にわたる年金基金運営上の政策意思決定を行う場合には，年金 ALM (Asset and Liability Management) と呼ばれる一種の将来予測シミュレーションを実施する．本節では，年金 ALM を通じて年金基金が立案すべき年金運営政策に関して議論しよう．

[*2)] 実際には，年金基金が提示する運用ガイドラインによって運用上の制約が設定されることが普通である．

[*3)] 年金基金が，運用に対する責任から解放されているわけではなく，年金基金には，運用会社の選定，あるいは運用リスク管理の徹底など，運用プロセスに対し果たさなければならない責任（善管注意義務）がある．年金基金は，加入員および受給者の年金資金運用を委託されているという点において，運用会社と同一の役割と責任を負っている．つまり，年金基金と運用会社，加入員および受給者と年金基金は，まったく同じ責任関係を持つ．

2.2.1 年金資産運用の投資政策

多くの人にとって，明日の，来週の，来月の，あるいは来年の株価を正確に予測することは困難である．そこで，こうした株価を予測する場合には，予想中心値とともに，予想中心値からのブレを与えることが多い．例えば，現在の日経平均株価指数（以降、単に日経平均）10,000 円に対し，1 年後の日経平均の予想中心値は 11,000 円（年率 10% の利回り），約 70%の確率で 9,000 円〜13,000 円（年率 ±18% のブレ）の間に入るなどとするのである．

上記前提のもとで，総資産額が 100 億円の年金基金を考える．この年金基金では，全額を日経平均に完全連動する株式に投資しているものとする．すると，この年金基金の 1 年後の総資産額は，約 70% の確率で 90 億円〜130 億円になる．逆に，この年金基金では，約 30% もの確率で，1 年後の資産額が 90 億円以下，あるいは，130 億円以上となる．

この年金基金では，来年度予算を策定するにあたり，来年度の日経平均がいくらになることを見越して予算案を策定すべきであろうか．年金基金には，将来発生すると考えられる年金給付に備えて，蓄えておくべき金額がある．本章では，この金額のことを年金負債[*4]と呼ぶこととしよう．

いま，この年金基金では，1 年後の年金負債が 50 億円と見積もられているとしよう．この場合，全額を株式に投資する上記の投資政策は認められるかもしれない．しかし，この年金基金の 1 年後の年金負債が 110 億円だとすると，よほど寛容な企業でもない限り，全額を株式に投資する上記の投資政策はとてもではないが認められるものではないであろう．また，来年の日経平均が 99% の確からしさで 13,000 円となるのであれば，たとえ 1 年後における年金負債が 110 億円であっても，上記の投資政策は認められるかもしれない．しかし，この年金基金の資産額（以降，単に資産額）は，わずか 1% の確率ではあるが 90 億円以下となる可能性は否定できず，また，この場合の損失額は甚大なものとなることが予想される．この点については，後ほど詳しく議論しよう．

2.2.2 分散投資の原則と政策資産配分

資産運用では，有価証券価格の騰落率を「収益率」として定義する．例えば，

[*4] かなり大雑把な表現である．年金負債に関しては，年金数理人会[2]などに詳しい．

ある株価指数の前月末時点の指数値，当月末時点の指数値が，それぞれ，1,600,1,630 であるならば，当株価指数の月次収益率は，$1,630 \div 1,600 - 1 = 1.88\%$ である．同様に，あるポートフォリオの前月末時価総額，当月末時価総額が，それぞれ，1,023 億円，1,050 億円であるならば，当該ポートフォリオの月次収益率は，$1,050 \div 1,023 - 1 = 2.63\%$ と算出する．なお，本章では，収益率の期待値を期待収益率と呼ぶ．また，ある資産の収益率のブレは，ある資産に関する価格変動リスクであるとし，収益率の標準偏差によって定義する．以降本章では，価格変動リスクのことを単にリスク[*5]と呼ぶ．

ところで，債券価格は，株式価格とは異なる動き方をすることが知られている．一般に，債券の期待収益率は，株式の期待収益率に比べ小さい．反面，債券のリスクは，株式のリスクに比べ小さい．そこで，年金基金の投資政策を立案する場合には，後述するリスク許容度に応じて，株式，債券を適当な比率で投資を行うことを基本とする．総資産の 50% を債券に投資する場合，来年度の総資産額の期待収益率は，全額を日経平均に完全連動する株式に全額投資する場合と比べ低下する．しかしながら，資産運用のリスクも，全額を日経平均に完全連動する株式に全額投資する場合と比べ減少する．例えば，この年金基金の1年後の総資産額は，総資産額の期待値が 110 億円から 106 億円に低下する代わりに，資産運用のリスクを約 70% の確率で 96 億円～115 億円に収めることができるかもしれない．

分散投資とは，全額を同一資産に投資するのではなく，資産を少額ずつ収益源泉の異なる投資対象（資産クラスと呼ぶ）へと投資することをいう．分散投資を行った場合のリスクは，全額を同一資産に投資する場合と比べ減少することが期待できる．したがって，効率的な資産運用を行うための1つの考え方は，年金負債の特性に見合ったリスクのもとで，最も期待収益率が高くなるように各資産クラスへの投資を行うことである．

年金基金では，投資政策の立案にあたり，5年または10年を1投資期間として資産運用戦略を策定する．投資政策立案の第一歩は，想定する投資期間における資産配分を決定することである．例えば，年金基金の資産配分は，想定投資期間（例えば5年）の間，債券に対する投資比率を 50%，株式に対する投資

[*5] 資産運用に関するリスクは，さらに詳細に分類して議論される．

比率を 50% というように策定する．こうして決定される資産配分は，政策資産配分[*6)]と呼ばれている．投資の成否は，政策資産配分をどのように策定するかに決定されるとする意見[3, 4)]もある．

　もちろん，資産価格は，時々刻々変動する．したがって，ある時点で株式と債券の全資産に対する構成比をそれぞれ 50% と 50% と決定したとしても，翌週末時点の資産構成比は，それぞれ 60% と 40% となっているかもしれない．それゆえ，実務上，政策資産配分は，許容乖離幅とともに設定されることが普通である．例えば，株式に対する政策資産配分が 50% である場合，当該年金基金にとって許容されるべき株式の全資産に対する構成比は，50% を中心として上下 ± 10% という具合に設定される．したがって，株式の全資産に対する構成比が 64% となった場合，年金基金では，株式相場の予測にかかわらず，全資産に対する株式の構成比を 40%〜60% の間へと修正することが少なくない．この操作は，リバランスと呼ばれている．

　今般，年金基金が策定する政策資産配分をめぐっては，策定のための方法論，あるいはその是非を含めて，いくつかの議論が交わされている．例えば，政策資産配分を策定することで，年金基金の資産運用は，短期的なトレンドに追随することが妨げられているという意見がある．しかしながら，先述した通り，多くの人にとって，将来の株価あるいは債券価格を正確に予測することは困難である．そのため，株式や債券は，購入あるいは売却をベストタイミングで行えるとは限らない．したがって，政策資産配分は，現時点において十分合理的かつ論理的と考えられる前提をもとに，すべての加入者に対し説明可能なものとならなければならない．以降では，政策資産配分を決定するために議論されるべき，いくつかの重要な観点について述べる．

2.3　投資における資産配分の重要性

　前節においても触れたように，投資の結果得られる運用収益は，資産配分の設定の仕方によって大きく左右される可能性がある．政策資産配分の決定にあたっては，適当なポートフォリオの期待収益率のもとで，ポートフォリオのリ

[*6)] 政策アセットミックス，基本ポートフォリオなど，呼称はさまざまである．

スクを最小にするという最適化モデル[*7]が利用されることが多い．

年金資産運用では，長期的な展望のもとで資産運用の目標収益率を設定し，そのもとで毎年度の資産運用戦略を構築する．本節では，まず，年金資産運用における目標収益率の設定について，実務においてしばしば用いられている方法を説明する．次に，運用収益に対する資産配分選択の影響について，簡易的なシミュレーションモデルを構築し確認する．

2.3.1 目標収益率の設定

年金資産運用では，5 年，10 年，ときには 30 年という長期的視点に立ち資産運用の収益目標（目標収益率）を定める．目標収益率の設定の仕方には，さまざまな考え方がある．ここでは，現時点の資産額，5 年，10 年，あるいは 30 年という投資期間を経過後に目標とする資産額，および，投資期間中のキャッシュフロー（＝掛金給付−給付支出）から目標収益率を定める考え方を示す．

現時点における資産額を F_0，キャッシュフローを C_1，ただし，キャッシュフローは，年央に一度だけ発生するものとする．また，現時点から 1 年間の収益率を θ_1 と表すと，1 年後の資産額 F_1 は，F_0 を 1 年間，C_1 を半年間，それぞれ収益率 θ_1 で運用した合計として，

$$F_1 = F_0 \times (1+\theta_1) + C_1 \times (1+\theta_1)^{\frac{1}{2}} \qquad (2.1)$$

と表せる．次に，現時点から 1 年後からさらに 1 年間の資産運用を考え，キャッシュフローを C_2，現時点から 1 年後からさらに 1 年間の収益率を θ_2 と表すと，現時点から 2 年後の資産額 F_2 は，(2.1) 式を用いて以下のように表せる．

$$\begin{aligned} F_2 &= F_1 \times (1+\theta_2) + C_2 \times (1+\theta_2)^{\frac{1}{2}} \\ &= F_0 \times (1+\theta_2)(1+\theta_1) \\ &\quad + C_1 \times (1+\theta_2)(1+\theta_1)^{\frac{1}{2}} \\ &\quad + C_2 \times (1+\theta_2)^{\frac{1}{2}}. \end{aligned}$$

同様に，現時点から T 年経過後の資産額 F_T は，現時点の資産額 F_0，および，

[*7] 最適化モデルに関する詳細については，本シリーズ『ファイナンス計算法』（続巻），『ビジネスへの確率モデルアプローチ』（第 3 巻）などを参照されたい．

各年度のキャッシュフロー $C_1, C_2, \ldots, C_{T-1}, C_T$ を用いて

$$\begin{aligned}
F_T &= F_{T-1} \times (1+\theta_T) + C_{T-1} \times (1+\theta_T)^{\frac{1}{2}} \\
&= F_0 \times (1+\theta_T)(1+\theta_{T-1}) \cdots (1+\theta_1) \\
&\quad + C_1 \times (1+\theta_T)(1+\theta_{T-1}) \cdots (1+\theta_1)^{\frac{1}{2}} \\
&\quad + \cdots \\
&\quad + C_{T-1} \times (1+\theta_T) \times (1+\theta_{T-1})^{\frac{1}{2}} \\
&\quad + C_T \times (1+\theta_T)^{\frac{1}{2}}
\end{aligned} \tag{2.2}$$

となる．

　ここで，現時点から T 年経過後の資産額の目標額を V_T とし，T 年後の資産額が $F_T \geq V_T$ となるために最低限必要となる平均収益率を θ として目標収益率と定義する．V_T を T 年後にクリアするべき年金負債とすると，年金基金は，T 年間にわたり平均的に年率 θ を超える収益率を得るような資産運用戦略を立案する．具体的には，$\theta = \theta_1 = \theta_2 = \cdots = \theta_T$ とした上で適当に θ を定め，(2.2) 式から F_T を計算する．$F_T \neq V_T$ の場合には，θ の値を変更し再び上記の計算を行う．$F_T = V_T$ となった場合には，その値が目標収益率である．こうした一連の計算は，表計算ソフト[*8] を利用すれば比較的手軽に行うことができる．または，プログラムを組める方であれば，$\theta = \theta_1 = \theta_2 = \cdots = \theta_T$ として，(2.2) 式をもとにニュートン法[5] により算出してもよいであろう．

　次に，現時点における資産額，投資期間中のキャッシュフロー，および資産運用目標をいくつか設定し，それらの数値に基づく目標収益率を具体的に計算する．表 2.1 は，3 つの異なる種類のキャッシュフローパターンを示したものである．まず，A は，今後 5 年間にわたり掛金収入が増加する年金基金のキャッシュフローを示している．続いて B は，3 年目を境に掛金収入と給付支出が逆転する年金基金のキャッシュフローを示したものである．最後に C は，今後 5 年間の収支が均衡するような年金基金のキャッシュフローを示している．

　表 2.2 は，現時点における資産額が 500 億円，投資期間を 5 年，5 年後の年金負債が 600（億円）であるとき，5 年後の資産額が年金負債を上回るために必要な目標収益率を算出したものである．表 2.2 から，現時点における年金負債

[*8] Microsoft Excel の場合には，ゴールシークを利用する．

表 2.1 ネットキャッシュフロー（掛金収入 − 給付支出）の想定（億円）

	1年	2年	3年	4年	5年
A	10.0	11.0	12.0	13.0	14.0
B	10.0	5.0	0.0	−5.0	−10.0
C	0.0	0.0	0.0	0.0	0.0

表 2.2 現時点の資産額（億円）と目標収益率（年率%）の関係

現時点の資産額	A	B	C
450	3.52	5.81	5.92
475	2.46	4.69	4.78
500	1.47	3.65	3.71
525	0.54	2.66	2.71
550	−0.35	1.73	1.76

に対する資産額（積立比率）の増加につれて，資産運用の目標収益率が減少することがわかる．また，投資期間中のキャッシュフローが異なる場合には，たとえ積立比率が同一であっても，資産運用の目標収益率が異なることがわかる．投資期間中のキャッシュフローは，年金基金の年金負債を特徴付ける重要な情報である．負債特性を反映して資産運用戦略を立案する場合には，キャッシュフローを考慮することが不可欠である．

2.3.2 資産配分設定の重要性

資産配分は，資産運用戦略を考えるにあたり最も重要な要素である．ここでは，資産運用における資産配分の重要性についてシミュレーションにより確認し，資産配分選択の意思決定を行う上でのトレードオフについても言及したい．

ポートフォリオは，表 2.3 に示す 4 つの資産により構成されており，現時点における資産額は 500 億円とする．ただし，当該投資期間におけるキャッシュフローは，表 2.1 の B のケースを仮定する．

ポートフォリオを構成する各資産の収益率は，表 2.4 の通り期待収益率，標準偏差，相関係数が計算されている[*9)]ものとする．各年度における各資産の収

表 2.3 想定する資産配分 (%)

No.	資産1	資産2	資産3	資産4
1	80	20	0	0
2	40	30	10	20
3	10	40	20	30

[*9)] 資産 1, 資産 2, 資産 3, 資産 4 は，それぞれ，国内債券，国内株式，外国債券，外国株式を想定している．ただし，表 2.4 で示す前提値は，説明のため例示した数値にすぎず，筆者を含め筆者の

表 2.4 期待収益率，標準偏差，相関係数の設定

期待収益率 (%)	1.5	6.0	4.0	8.0
標準偏差 (%)	3.0	18.0	12.0	20.0
相関係数	資産 1	資産 2	資産 3	資産 4
資産 1	1.0	0.1	0.3	0.2
資産 2		1.0	0.1	0.2
資産 3			1.0	0.5
資産 4				1.0

益率は年度間で独立しており，多変量正規分布を仮定できるものとし，5年後における各ポートフォリオの資産額の相違を確認する．このような場合には，上記で仮定した確率分布に従うように，各資産の収益率を適当な個数算出し，5年後のポートフォリオの資産額分布を作成する．このための方法論がモンテカルロ・シミュレーションである．なお，モンテカルロ・シミュレーション（以降，シミュレーションと記述する）に関しては，別の専門書に解説を譲り[6,7]，ここではシミュレーションの概要のみ以下に示す．

ポートフォリオの資産数を n，資産 i の収益率を r_i，ポートフォリオにおける資産 i の構成比を w_i とし，ポートフォリオ全体の収益率を π とすると，ポートフォリオ全体の収益率 π は，

$$\pi = \sum_{i=1}^{n} r_i w_i \tag{2.3}$$

と表せる．シミュレーションでは，表 2.4 に従う各資産の収益率を投資期間 1 年あたり N 組求め，(2.3) 式によりポートフォリオの収益率を投資期間 1 年あたり N 個作成する．したがって，投資期間が T であれば，このシミュレーションにより作成するポートフォリオの収益率は，$N \times T$ 個となる．当年度期初におけるポートフォリオの資産額を F_0，ポートフォリオの収益率を π，当年度中に発生するキャッシュフローを C_1，ただし，キャッシュフローは期央に一度だけ発生すると仮定する．上記で算出した $N \times T$ 個のポートフォリオの収益率のそれぞれを，$\theta = \pi$ として (2.2) 式に代入すると，想定する収益率の確率分布のもとで $N \times T$ 個のポートフォリオの資産額の分布が得られる．

図 2.1 は，表 2.3 の各資産配分に基づき $N = 5{,}000$ として上記シミュレーションを実行し，5年後の資産額を 5,000 通り算出して，最大値，最小値，および各

所属するすべての組織の公式見解を示すものではないことに注意されたい．

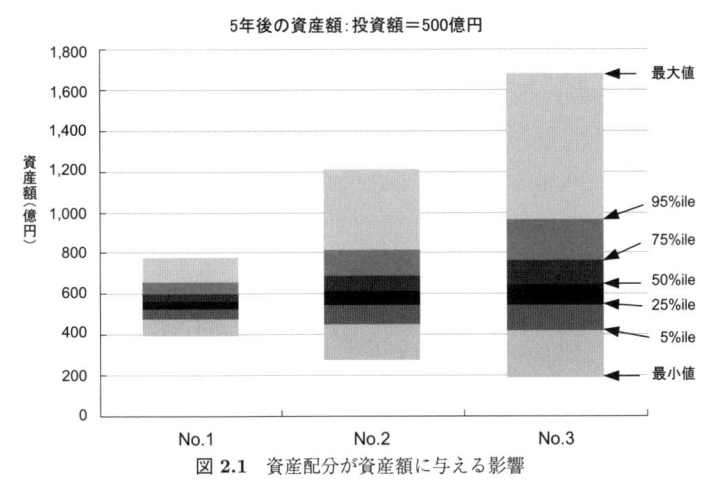

2.3 投資における資産配分の重要性

5年後の資産額：投資額＝500億円

図 2.1 資産配分が資産額に与える影響

分位点（%ile と表示）を示したものであり，浮棒グラフと呼ばれている．

図 2.1 から，5 年後の資産額は，資産配分 No.1 に比べ資産配分 No.2 が，資産配分 No.2 に比べ資産配分 No.3 が，最小値から最大値までの広がりが大きいことがわかる．前述した前提のもとで，資産配分 No.3 のように 500 億円を配分し資産運用を行うと，5 年後の資産額は，50% の確からしさ（中央値）で 649 億円となるが，1/5,000 というきわめて低い確率ながら当初資産額の 3 倍を超え約 1,680 億円になる可能性もある．同様に資産配分 No.3 による 5 年後の資産額は，5% の確からしさ（5%点）で当初資産 500 億円を大きく割り込み，423 億円となる．

一方，資産配分 No.1 の場合には，5 年後の資産額が資産配分 No.3 ほど大きく増加することもなければ，大きく減少することもない．資産配分 No.1 における 5 年後の資産額の最大値，最小値は，それぞれ 780 億円，392 億円であるが，5%点における資産額は 475 億円であり，資産配分 No.3 における 5%点（423 億円）よりも大きい．

ここで，5 年間の目標収益率を 3% とすると，年金負債は 581 億円となる．資産配分 No.1 による 5 年後の資産額が年金負債を下回る確率は約 63% である．これに対し，資産配分 No.2，資産配分 No.3 による 5 年後の資産額が年金負債を下回る確率は，それぞれ約 38%，約 33% である．

このように，将来得ることが可能な資産額は，資産配分の設定の仕方により

大きく異なることがわかる．図 2.1 に見る資産額の分布は，各資産配分が負っているリスクの違いにより生じている．資産運用による大きいリスクを負うことができる年金基金は，資産運用によるリスクを負うことで，現在保有している年金資産を大きく増加させることが可能である．その反面，一度，株価が低迷するなどして運用環境が悪化すれば，現在保有している年金資産が大きく毀損することになる．こうした場合，年金基金は，将来の年金給付に備え，追加的な掛金を拠出しなければならない．資産運用におけるリスク許容度とは，追加的な掛金の負担能力にほかならない．

資産配分を決定する場合には，いずれの資産配分であっても，意思決定の重要度によって最終的な選択肢が異なる．リスク許容度が高く，高い期待収益率を優先する年金基金は，資産配分 No.3 を採用するであろう．リスク許容度が低く，逆に資産運用リスクを抑制することを優先させたい年金基金には，資産配分 No.1 が支持されよう．新たな掛金拠出を最小にしたい年金基金は，資産配分 No.2 を選択することになる[*10]．

2.4　　政策資産配分の意思決定

資産運用の成否は，どのような資産配分を作成するかにかかっている．年金基金は，政策資産配分の選択に際し，最適化モデルに基づき算出される効率的フロンティア（後述）を描き，リスクおよびリターンが効率的フロンティア上に存在し，かつ，目標収益率に関する基準をクリアする資産配分を選択する．確かに，資産運用の観点のみを考慮する場合，リスク，リターンが効率的フロンティア上の点となる資産配分は無差別である．しかしながら，投資期間終了後の資産額が当該時点における年金負債を下回る確率，および，その場合の不足金額の期待値という観点から効率フロンティアを眺めた場合には，リスク，リターンが効率的フロンティア上の点となる資産配分であっても，効率的でない場合がある．

[*10] 5 年後の資産額と年金負債との差を掛金拠出額と定義すると，各資産配分の期待掛金拠出額は，資産配分 No.1，資産配分 No.2，資産配分 No.3 で，それぞれ 32 億円，26 億円，29 億円となる．ただし，5 年後の資産額が年金負債を上回る場合，掛金拠出額を 0 とした．

2.4 政策資産配分の意思決定

図 2.2 効率的フロンティア

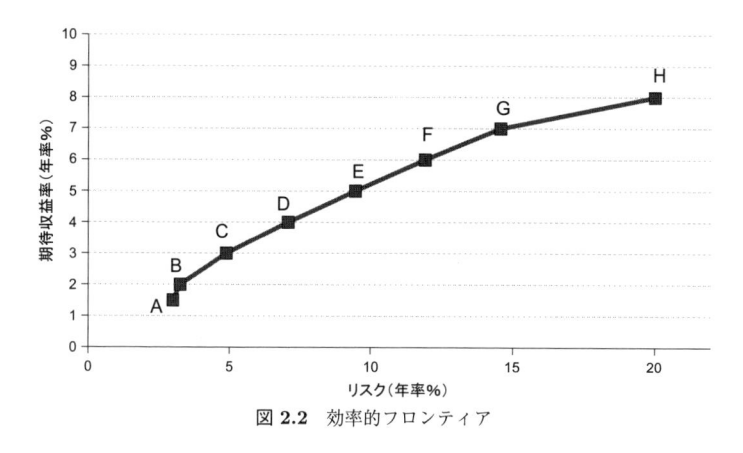

2.4.1 不足可能性を金額で把握する

下式は，ある期待収益率 (E) のもとで，ポートフォリオのリスク (V) を最小化する資産配分 (x_i) を算出する最適化問題である．下式において，R_i, σ_i, ρ_{ij} は，それぞれ，資産 i に関する期待収益率，リスク，資産 i と資産 j の収益率の相関係数を表す．また，制約条件 $x_i \geq 0$ は，空売りを禁止する制約である．

$$\text{最小化} \quad V^2 = \sum_{i=1}^{n} \sum_{j=1}^{n} \sigma_i \sigma_j \rho_{ij} x_i x_j$$

$$\text{条件} \quad \sum_{i=1}^{n} x_i = 1,$$

$$\sum_{i=1}^{n} R_i x_i = E,$$

$$x_i \geq 0 \quad (i = 1, 2, \ldots, n).$$

効率的フロンティアとは，ある期待収益率のもとで得られる最小のリスクをプロットして得られる2次曲線である．具体的には，$E_{\min} = \min_i \{R_i\}$，$E_{\max} = \max_i \{R_i\}$，とし，$E_{\min}$ から $E_{\max}$ の範囲で E を次々と変えながら上記の最適化問題を解き，期待収益率 E を縦軸に，ポートフォリオのリスク (V) を横軸にプロットし各プロットを結ぶ．図 2.2 は，表 2.4 の数値から得られる効率的フロンティアを示している．ポートフォリオの期待収益率 E を細かく設定すれば，図 2.2 は，滑らかな2次曲線を描く．図 2.3 は，図 2.2 上の点 A ～点 E までの 7 点における資産配分である．図 2.2 上の点 A は，期待収益率（リスク）が最も

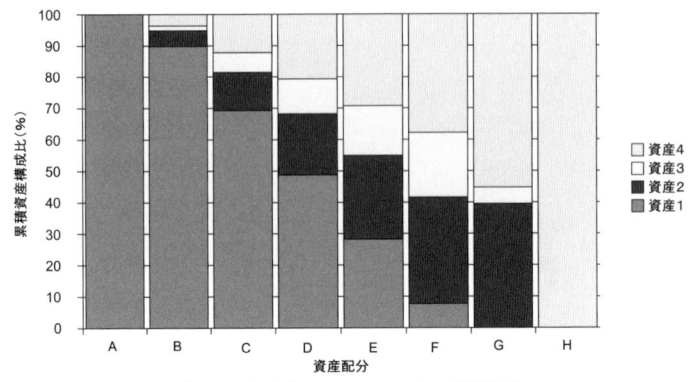

図 2.3 効率的フロンティア上の資産配分

低いポートフォリオであり，資産 1 が 100%となる．点 B は，点 A に比べ期待収益率（リスク）が若干上がり，資産 1 がおよそ 90% となる代わりに資産 1 以外の資産に残りの 10% が配分される．点 G は，期待収益率の高い資産 2，および，資産 4 への配分が 95% となることで，点 A，点 B に比べ期待収益率（リスク）が大きく上がる．最後に点 H は，期待収益率（リスク）が最も高いポートフォリオであり，資産 4 が 100%となる．

多くの資産運用の教科書では，効率的フロンティア上にリスクと期待収益率がある資産配分が求めるべき資産配分であると教えている．しかしながら，効率的フロンティア上には，無数のリスクと期待収益率の組み合わせがあり，それを実現する資産配分がある．我々は，無数の資産配分の選択肢の中から，どのような基準によってどの資産配分を政策資産配分として採用すべきであろうか．リスクの水準の多寡は，こうした意思決定を行う上で重要な情報である．ただし，リスク水準がわかっているだけでは，意思決定は行えない．例えば，リスクが年率 7% と年率 8% とでは，当然，リスクだけの観点から見た場合，年率 7% となる資産配分が選択されるべきである．しかしながら，両者は，期待収益率に違いがあり，一概には比較できない．

このような場合には，これら両者の違いを何らかの金額に換算できれば，価値判断を行いやすくなる．例えば，リスクが年率 7% のポートフォリオは，5%の確率で最大 50 億円の損失が生じる可能性がある．一方で，リスクが年率 8% のポートフォリオは，5%の確率で最大 100 億円の損失が生じる可能性があるなど

がわかればよい．ある企業では，50億円程度の損失であれば，発生したとしてもそれを十分カバーできる．ところが，損失が100億円の場合には，事業活動に影響があると考えており，受け入れがたく，リスクが年率8％となるポートフォリオは選択できない．このように，ある確率のもとで被りうる最大損失額のことは，バリュー・アット・リスク[8)]と呼ばれている．

2.4.2 期待不足額とショートフォール確率

ここでは，ある資産配分におけるポートフォリオの資産額 F が，資産運用上の目標金額 Θ に対し，どの程度乖離する可能性があるかについて把握し，意思決定支援を行うための1つのアイデアを示す．やはり，ここにおいても，意思決定支援を行うためのキーワードは，リスクを金額で把握することである．

いま，あるポートフォリオの時価資産額は，確率分布 $f(r)$ に従って変動するものと仮定する．ただし，r は確率変数であり，ポートフォリオの収益率とする．$r=s$ において，あるポートフォリオ i の時価資産額 F_i^s が，資産運用上の目標金額 Θ を下回る金額 L_i^s は，2つの数 a と b のうち，小さくない方の数値を返す関数を $\mathrm{Max}(a,b)$ とすると，

$$L_i^s = \mathrm{Max}\,(\Theta - F_i^s, 0)$$

と表現できる．L_i^s は，$\Theta > F_i^s$ の場合，$L_i^s = \Theta - F_i^s\ (>0)$ であり，$\Theta \leq F_i^s$ の場合，$L_i^s = 0$ である．なお，ポートフォリオの時価資産額 F_i^s は，2.3.2項に示すシミュレーションなどを用い計算する．

次に，2つの数 a と b について，$a>b$ が真のとき1，偽のとき0を表す記号を $\mathrm{sgn}(a,b)$ とし，N_c を，ポートフォリオ i の時価資産額が資産運用上の目標金額 Θ を下回る回数とする．N_c は，

$$N_c = \sum_{s \in P} \mathrm{sgn}\,(\Theta > F_i^s) \qquad (2.4)$$

と表せる．ただし，P は，確率分布 $f(r)$ に従う収益率 $r=s$，要素数 N の集合とする．さらに，ポートフォリオ i の時価資産額が資産運用上の目標金額 Θ を下回る確率をショートフォール確率と定義し p_i とすると，ショートフォール確率 p_i は，以下のように表すことができる．

$$p_i = \frac{N_c}{N}. \tag{2.5}$$

あるポートフォリオ i の時価資産額 F_i^s が，資産運用上の目標金額 Θ を下回る金額の平均値 L_i を期待不足額と定義すると，期待不足額は，下式によって表すことができる．

$$L_i = \frac{1}{N_c} \sum_{s \in P} L_i^s. \tag{2.6}$$

ここで，不足額の平均値を $E(l)$ と表すと，$E(l) = (1/N) \sum_{s \in P} L_i^s$ であるから，L_i と $E(l)$ は，$L_i \geq E(l)$ という関係となる．

また，(2.5)，(2.6) 式より，$L_i \times N_c = \sum_{s \in P} L_i^s$ であるから，

$$E(l) = \frac{L_i \times N_c}{N} = L_i \times p_i. \tag{2.7}$$

L_i と $E(l)$ の概念の違いは，次のように整理できる．すなわち，何らかのゲームを 10 回 ($N = 10$) 行い，全試行のうち 2 回 ($N_c = 10$) だけ損失が生じ，総損失額を 20 円とする．このとき，不足額の平均値 $E(l)$ では，20 円/10 回 = 2 円/回 であり，1 回の試行あたりの不足額を算出する．これに対し，期待不足額 L_i は，全部で 10 回の試行のうち損失が生じた 2 回に関し平均値を計算する，すなわち，L_i = 20 円/2 回 = 10 円/回 であると表現するものである．

確定給付年金制度のもとでは，年金負債に対する資産額の割合がある値を下回ると，掛金が上昇したり，給付額を削減せざるをえない状態になる．したがって，筆者は，年金資産運用における意思決定を考える上で，損失が生じた場合，年金運営にとってどの程度の影響となるのかを計測する意味で，$E(l)$ よりも L_i の方が好ましいと考える．

図 2.4 は，図 2.2 上の資産配分について，表 2.4 のもとで L_i と p_i を算出し，横軸に L_i，縦軸に p_i をプロットしたものである．図 2.4 における点 A～点 H は，図 2.2 における点 A～点 H に関する期待不足額，ショートフォール確率のそれぞれをプロットしたものである．

図 2.2 の効率的フロンティアにおいて，点 A～点 H は無差別である．ところが，図 2.4 を利用すると，点 A～点 H は，必ずしもすべての点で効率的でないこ

2.4 政策資産配分の意思決定

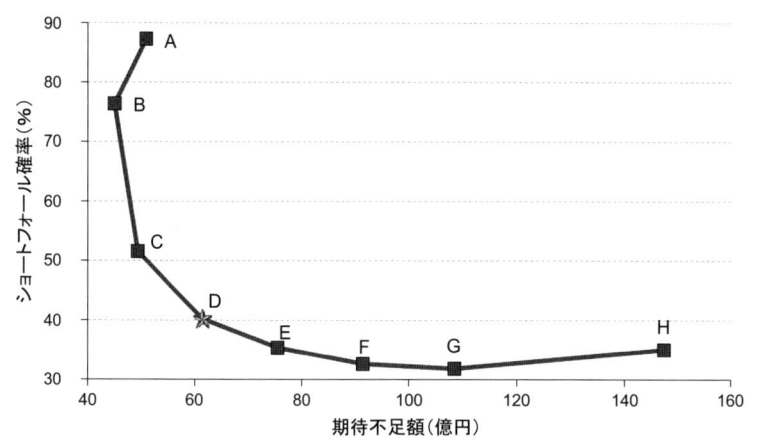

図 2.4 期待不足額とショートフォール確率の関係（リスク対リスクの意味で効率的）

とがわかる．理由は，次の通りである．すなわち，曲線 AB 上の任意の点（ただし点 B は含まない）には，期待不足額が同じであるにもかかわらず，ショートフォール確率を小さくできる点が曲線 BG（点 B および点 G を含む）に存在する．また，曲線 GH 上の任意の点（ただし点 G は含まない）には，ショートフォール確率が同じであるにもかかわらず期待不足額を小さくできる点が，曲線 BG（点 B および点 G を含む）に存在する．したがって，合理的な投資家であれば，期待収益率とリスクが図 2.2 で効率的フロンティア上に存在していたとしても，ショートフォール確率が曲線 AB 上（点 B は含まない），または曲線 GH 上（点 G は含まない）に存在する資産配分を選択しないであろう．

図 2.4 から，選択すべき資産配分は，図 2.2 および図 2.4 における曲線 BG 上の資産配分のみであることがわかる．年金基金にとって曲線 BG 上の資産配分が受け入れがたいものである場合には，資産運用上の目標を変更することを検討せざるをえない．この場合には，掛金拠出あるいは給付の見直しを検討することが不可避となるのである．一方で，年金基金にとって曲線 BG 上の資産配分が受け入れ可能である場合には，これらの資産配分に関し以下の観点を理解したい．すなわち，点 B は，資産額が資産運用上の目標を下回った場合の金額が最小である反面，ショートフォール確率は最大である．点 G は，逆に，ショートフォール確率が最小である反面，資産額が資産運用上の目標を下回った場合の金額は最大となる．なお，期待不足額とショートフォール確率の積である，平

均不足額が最小となるのは，図 2.4 における☆（点 D）に対応する資産配分となる．

第 2 章のまとめ

　資産運用の意思決定を行う際に，失敗したときの影響（＝不足）は，あらかじめ把握すべき重要項目の一つである．資産運用は，「お金」を扱っているため，数学的手法によるアウトプットは「お金」の言葉（＝金額）に直すことにより，第三者に理解してもらうことが容易になる．生じうる不足を金額によって表現する 1 つの方法は，バリュー・アット・リスクが便利である．また，本節で定義した期待不足額，およびショートフォール確率を使うことにより，効率的フロンティア上の資産配分は，選択可能な範囲が狭められ，現実的な意思決定を行うことが可能となる．

　企業活動において，すべての人が納得する意思決定を行うことは難しい．しかしながら，企業活動の意思決定に携わる人は，直接的に意思決定に携わらない多くの人に対して，意思決定に至った経緯と根拠を説明する責任を負っている．意思決定支援のための数学的手法を用いることは，それを正しく理解し利用することによって，意思決定に至った経緯と根拠に対する透明性，および，説明性を高めるための重要なツールとなる．

文　　　献

1) 坪野剛司編，総解説 新企業年金，日本経済新聞社，2002.
2) 年金数理人会編，年金数理概論，朝倉書店，2003.
3) Brinson, G. P., Singer, B. D. and Beebower, G. L., "Determinants of Portfolio Performance II: An Update", *Financial Analysts Journal*, **47**(3), 40–48, 1991.
4) Ibbotson, R. G. and Kaplan, P. D., "Does Asset Allocation Policy Explain 40, 90, or 100 Percent of Performance?", *Financial Analysts Journal*, **56**(1), 26–33, 2000.
5) 小国力，Fortran95，C & Java による新数値計算法，サイエンス社，1997.
6) 森平爽一郎，小島裕，コンピュテーショナル・ファイナンス（ファイナンス講座　第 4 巻），朝倉書店，1997.
7) 湯前祥二，鈴木輝好，モンテカルロ法の金融工学への応用（シリーズ〈現代金融工学〉第 6 巻），朝倉書店，2000.
8) ニール・D・ピアソン，リスク・バジェッティングのための VaR，PanRolling，2003.

9) 今野浩, 理財工学 I, 日科技連出版社, 1995.
10) 村上征勝, 田村義保編, パソコンによるデータ解析, 朝倉書店, 1988.

──────《お薦めの3冊》──────

- 『金融工学と最適化（経営工学のニューフロンティア　第5巻）』, 枇々木規雄著, 朝倉書店, 2001.

  ポートフォリオの最適化を行うためのモデルが, Markowitzによる平均・分散モデルから, 著者による多期間モデルに至るまで, 具体的かつ詳細に説明されており, 実務家からの評価も高い.

- 『ポートフォリオの最適化（ファイナンス講座　第5巻）』, 竹原均著, 朝倉書店, 1997.

  日本人の著者がポートフォリオの最適化を説明した書籍としては, いまでは最も古い部類に属する. しかしながら, 本書を参照している論文, 著書は数知れない. 最適化モデルに関する説明は, システムへの実装にまで及び, そのまま実務に適用することも可能であろう.

- 『パソコンによるデータ解析』, 村上征勝・田村義保編, 朝倉書店, 1988.

  現在は品切れとなっているが, 基本的な統計手法について整理するためにはベストな一冊. 特に, クラスタリング, 主成分分析, ブートストラップ法といったデータ解析手法については, 他書に類を見ないほどわかりやすい. ブートストラップ法については, 説明に従ってプログラミングすることすら可能. ただし, 巻末には, 各章で説明されたデータ解析手法のプログラムが記載されているが, MS-DOSベースのBASIC言語であることに注意.

3

事業計画策定における「予測市場」の活用

　企業が事業計画を策定する際に必要となる将来予測は，専門家による分析やアンケートなど多数の意見の集約によって行われることが多いが，バイアスなどの問題が伴う．これに対し近年，仮想証券市場を用いて予測を行う「予測市場」が注目を集めている．本章では，この予測市場を企業の事業計画策定に応用し，将来キャッシュフローおよびボラティリティの予測を行う手法について概説する．

3.1　事業計画策定における予測問題

　企業が事業計画の策定を行う際，将来の予測は最も重要な課題の一つである．経済環境や市場の状況といった企業外部の問題だけでなく，自社が行おうとする事業から得られる収入もまた，現時点ではわからないからである．前者の問題については，外部機関などが行う予測結果が入手可能である場合も多い．しかし，後者はそもそも当該企業の計画自体に依存するものであり，また情報の入手可能性という意味からも，企業内部で何らかの予測を行わなければならない．

3.1.1　事業計画策定のプロセス

　図 3.1 は，企業が行う一般的な事業計画策定のための将来予測のプロセスを示したものである．将来予測には，何らかの予測モデルを用い，それに必要なパラメータやデータを入力して，予測結果を得る．この予測結果は，企業があらかじめ設定した基準によって評価され，通常はパラメータやデータを変えて複数回実施され，実際の計画策定に活用されていく．

3.1 事業計画策定における予測問題　　　　　　　　　　　31

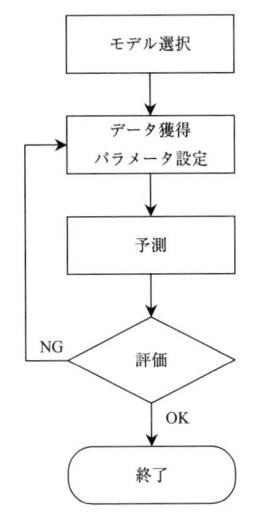

図 3.1　事業計画策定のプロセス

このプロセスにおいて実務上大きな問題となるのは，パラメータの設定とデータの獲得である．これらによって予測結果は大きく左右されるからというだけではない．仮に予測モデルの適切さが検証済みであったとしても，パラメータやデータはしばしばその企業固有の問題であり，したがって客観的な検証が難しいことが多いからである．以下，企業の事業計画策定の際広く用いられる正味現在価値分析におけるパラメータの設定に即してこの問題を把握しておく．

3.1.2　将来キャッシュフローの予測

正味現在価値分析は，事業計画策定において，その事業の採算性を判断する手法として幅広く用いられている．図 3.2 は，一般的な正味現在価値分析の手法を示したものである．予測対象期間にわたって将来キャッシュフローを予測し，それを適切な割引率で現在価値に割り戻して足し上げることにより，この事業の割引現在価値を求める．時点 $s = \{1, 2, \ldots, n\}$ の将来キャッシュフローを $\tilde{X}_s$，割引率を μ とすると，現時点 0 の割引現在価値 V_0 は

$$V_0 = \sum_{s=1}^{n} \frac{\mathrm{E}_0[\tilde{X}_s]}{(1+\mu)^s}$$

となる．ここで $\mathrm{E}_0[\cdot]$ は，時点 0 で入手可能な情報に基づく期待値演算子であ

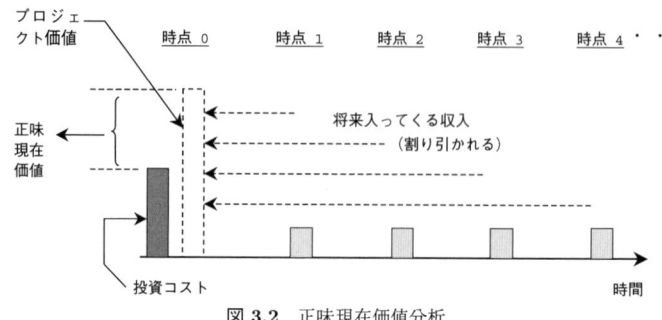

図 3.2 正味現在価値分析

る．ここから投資コスト I を差し引いた V_0-I が正味現在価値であり，この値が正であれば事業を実施し，負であれば実施しないというのが，正味現在価値法による意思決定である．

ここで，将来キャッシュフローの期待値 $\mathrm{E}_0[\tilde{X}_s]$ の推定，および割引率 μ の設定によって，分析の結果はまったく違ったものとなる．ここで扱うのは，このうち前者に関する予測問題である．

将来キャッシュフローの予測は，一般的には，マクロ経済指標や産業・市場の動向，当該事業の過去のキャッシュフローの推移といった情報を用いて分析者が行う．しかし，たとえ専門家が行う場合であっても，予測が少数の意見によって行われれば，当該専門家が持つバイアスからは逃れられない．また，消費者の動向などについてはアンケートのような手法で把握する場合もあるが，それらもまた調査対象者個人の考えを単純に集約するにとどまり，対象に関するさまざまな見方を収れんするものとはなっていない．

さらに，経済指標などはいずれも過去のデータであり，それを将来予測に用いるということは，将来がこれまでの延長線上にあることを暗黙裡に想定していることを意味する．しかし，ビジネスの環境は刻々と変化する．したがって，特に予測の難しい転換期のような場合，こうした過去のトレンドを用いることは，必ずしも適切でないことがありうる．

3.1.3 ボラティリティの予測

上記に加え，正味現在価値法における将来キャッシュフローの予測については，その不確実性という点でも困難が伴う．一般的な正味現在価値法に用いる

将来キャッシュフローの期待値は，将来に関して示された1つの仮説にすぎない．将来は不確実性を伴うものであり，仮に期待値が適切なものであっても，将来実現する値はそこから離れることは十分ありうる．したがって，将来予測に用いる場合には，期待値の水準だけでなく，そのボラティリティについても何らかの形で予測に取り込んだほうがよい場合がある．

専門家による予測では，その予測値のばらつきの範囲を含めた予測を行うこともありうる．例えば「来年の商品Aの売上高として考えられる最大値と最小値」を予測するような場合である[*1)]．しかしこの場合でも，結果として得られる予測が当該専門家のバイアスから逃れられないことは変わらない．

また，予測対象について専門的知識もなく，また予測手法に関する十分な理解も期待できない一般消費者に対してアンケートなどを行い，その意見集約結果をもってばらつきの範囲を予測することは，適切とはいえない場合が多い．この手法は消費者の「予測のばらつき」を把握することには優れているが，それは「ばらつきの予測」ではないからである．

すなわち，現在行われている将来期待キャッシュフローの予測にはいくつかの困難が伴っており，新たな手法の導入によって，モデルの説明力を高めることができる可能性がある．

3.2　予測市場とは

「予測市場」とは，予測の困難な問題などに関する予測を行うことなどを意図とし，当該問題の顚末を価値に連動させた先物などの「証券」を参加者が取引できるよう設計された市場である．本節では，将来予測の手法として近年新たに注目を集めるようになった予測市場の概要を説明する．

[*1)] この場合，「最大値」「最小値」といったことばが何を意味するかについて，明確に定義しておく必要がある．特にモンテカルロ・シミュレーションを行う際，考えられる確率分布の特性に従って必要なインプットは異なる．例えば正規分布，対数正規分布などを用いる場合，分布の裾野は広がっているため，最大値・最小値ともパーセンタイル値で定義する必要がある．一方，近似として三角分布を用いるような場合は，文字通りの最大値，最小値となる．

3.2.1 予測ツールとしての「市場」

　市場は，取引を行いたい者が集まって取引を行う場である．各参加者は，取引によって利益を得るため，細心の注意を払って情報を集め，分析し，場合により交渉を行って，合意した価格により取引を行う．市場における価格は，こうした各参加者の努力の集合によって形成される市場の「総意」である．例えばダブルオークション市場では，まだ取引が成立していない最も低い売却提示価格と，最も高い購入提示価格が市場価格となる[*2]．それは，その状態ではさらに取引を行いたいと考える参加者がいない均衡状態を示すという意味で，市場全体が「合意」したその資産の適切な価格と考えることができる．

　将来が不確実な場合，市場の取引は将来を予測しつつ行われる．市場にはさまざまな情報が集まり，その中には相矛盾するものも含まれるが，参加者が自らの利益最大化を目指して取引を行う一連の過程の中で，それらの情報は検証され，重み付けされていく．すなわち市場が形成した価格は，そのもととなる情報に対する市場参加者たちの「総意」としての評価，あるいは将来予測であるといえる．市場のこうした働きを予測のために用いることを意図して設計された市場を「予測市場」[*3]，そこで取引される資産を「予測証券」と呼ぶ．

3.2.2 予測市場のパフォーマンス

　予測市場は，実験経済学で以前から行われていた人工市場による実験のアプローチを予測に応用したことから始まっている．米アイオワ大学が，コンピュータ化された人工市場を使って米大統領選の予測市場を立ち上げたのは，1988年のことであった．この Iowa Electronic Markets (IEM) で示された予測のパフォーマンスは，予測における市場メカニズムの応用というアプローチの有効性を示すこととなった．Berg[1] は，1988～96年の間に行われた各国選挙15回の得票率に関し，IEMの予測結果と世論調査とのパフォーマンスを比較し，15

[*2] ダブルオークション市場とは，売りたい参加者が売り注文を，買いたい参加者が買い注文を同時に出すことができるタイプの市場を指す．日本の株式市場も典型的なダブルオークション市場の例の一つである．

[*3] 英語では，prediction market, information market, idea market, decision market, event market, Information Aggregation Mechanism (IAM), Security Trading of Concepts (STOC) など，さまざまな表現が使われている．訳語として本章では「予測市場」という表現を使用する．

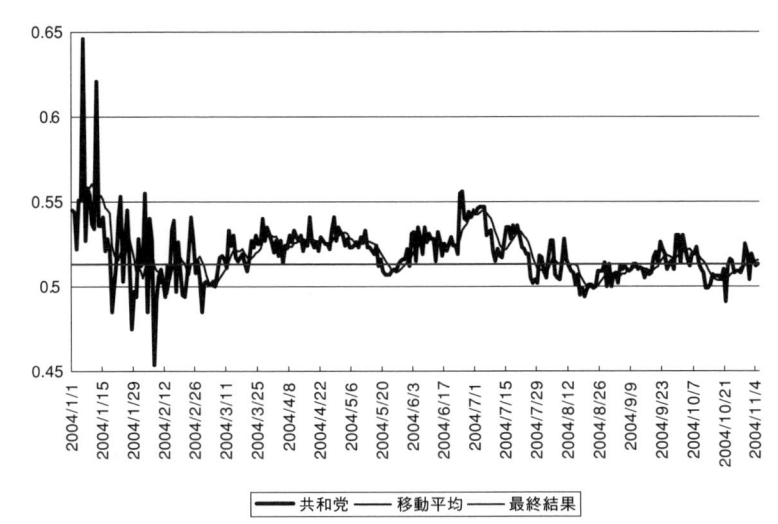

図 3.3 アイオワ大学米大統領選得票率予測先物市場：価格推移

回中 9 回で IEM が世論調査を上回る予測精度を示したとの結果を得た．

こうした予測力は，2004 年 11 月に投票が行われた米国の大統領選挙においても表れている．2004 年の米大統領選挙は，結果としては現職の共和党候補ジョージ・W・ブッシュ氏が大半の州を押さえて続投を決めたが，前回（2000 年）に引き続いて共和，民主両党が歴史的な接戦を繰り広げた．拮抗する勢力を反映して，報道される世論調査結果にはかなりばらつきが見られたが，IEM では，ブッシュ候補優位との評価がかなり早くから事実上固まっていたのである．例えば，大統領選における各候補の得票率がそのまま価格となる得票率予測先物市場を見てみよう．つまり得票率が 55% なら，価格は $0.55 である．投票日より前の時点では選挙結果がわからないので，その価格は最終結果に関するその時点での期待値となる．

図 3.3 はこの市場における「ブッシュ氏」の得票率予測先物の価格推移である．この市場は 2003 年 2 月に開設されたが，ここでは 2004 年 1 月からの価格とその 7 日間移動平均を，最終結果である $0.513 と並べて示した．大統領選の結果が判明した 2004 年 11 月 5 日時点で，価格は最終得票率である 51.3% に対応する $0.513 となっているが，2004 年初頭という早い時期から，価格の変動幅が $0.50 から $0.55 というかなり狭い範囲に絞られていることがわかる．2004

表 3.1 月別平均価格推移（単位：米ドル）

月	1月	2月	3月	4月	5月	6月	7月	8月	9月	10月	11月
平均価格	0.534	0.511	0.518	0.527	0.519	0.530	0.526	0.508	0.513	0.511	0.513
標準偏差	0.034	0.021	0.011	0.006	0.008	0.011	0.013	0.009	0.007	0.008	0.006

年1月から11月までの平均価格は $0.52、標準偏差は $0.017 となっている．実際の得票率と平均価格との差は $0.005 であり，平均価格から1標準偏差の1/3も離れていない．投票日前日までの7日間の平均価格は $0.512 であり，きわめて正確な予測結果となっている．

さらに特筆すべきは，この市場では2004年を通じてほぼ一貫してブッシュ氏の優勢が変わらず，2004年初頭の段階ですでに最終結果とほぼ変わらない $0.51〜0.52 前後の値を示していたことである．表 3.1 は，ブッシュ氏の得票率予測先物価格の月別平均と標準偏差を示したものである．これを見ると，月別平均価格は一貫して $0.5 を超えており，ブッシュ氏の優勢がゆるがなかったことがわかる．また4月と6月を除くすべての月で，平均価格が最終結果から1標準偏差以内に収まっているなど，予測としての精度は高い．

一方，マスメディアによる報道は，「再選に赤信号」などのように，ぶれを誇張するものが少なくなかった．報道は印象を強めるために差を強調する傾向があり，また世論調査はその調査機関や対象者の属性によってその結果が大きく異なるため，報道されている数値だけを追うと，結果として実際以上に大きく変化している印象を与えるものとなっている．

図 3.4 は，2004年9月以降につき，IEM における「ブッシュ得票率」予測先物の価格推移と，さまざまな世論調査によるブッシュ氏の支持率数値を比較したものである[4]．これらの世論調査は，実施機関や地域，対象者層に違いがあることから，一般的にばらつきが大きく，同時期のものでも差異が生じたりしている．また，世論調査においては「支持する候補なし」という回答が可能であるため，ブッシュ氏の支持率は50%を割り込むケースが多いなど，そもそも，最終結果に関する予測とはなっていないのである[5]．こうしたことから，大統領選得票率先物市場は，世論調査などと比べて安定し，かつ適切な予測結果を

---

[4] 世論調査結果は新聞報道によるため，1%未満の端数が表示されていない．
[5] 両候補の「勢力差」についても，IEM の価格差の方が，世論調査の支持率の差と比べて予測誤差が小さいとの結果も得られている[2]．

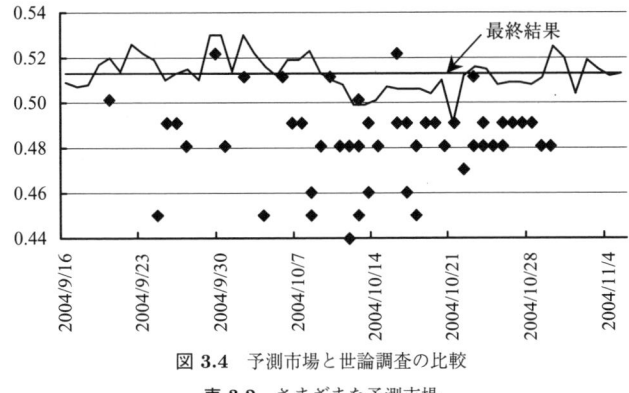

図 3.4 予測市場と世論調査の比較

表 3.2 さまざまな予測市場

名称	予測対象	通貨	備考
Iowa Electronic Markets	米大統領選など，選挙結果	少額の現金	研究目的，最も古い予測市場
UBC Election Stock Market	カナダの選挙結果	少額の現金	研究目的
Hollywood Stock Exchange	映画の興行収入など	仮想通貨	市場からの情報を映画会社に販売
NewsFutures	政治家の在任期間，テロリストの逮捕，各国の株価や為替レートの動向など	仮想通貨	ゲームとして運営，新聞に掲載
Foresight Exchange	政治，将来の科学技術動向ほか	仮想通貨	米国企業が非営利的に運営
Innovation Futures	技術，技術系企業の業績など	仮想通貨	MIT が運営，NewsFutures のシステムを使用
TradeSports	サッカー，アメフト，ゴルフなどのスポーツ競技の勝敗，点差など	現金	アイルランド企業が運営するが，米国人もターゲット顧客
IGIndex	通貨，商品価格，住宅価格指数など	現金	英国企業（ブックメーカー）が運営
HedgeStreet	物価水準などの経済指標，為替レート，その他	現金	初めてアメリカで現実通貨を用いた個人向け商用サービス

示していたものと思われる．

3.2.3 予測市場の分類

最初の予測市場である上記の IEM のほか，現在，予測市場と呼べる実例はいくつかある．以下，利用目的，参加者，証券や市場の設計などによって分類する．

a. 利用目的による分類

予測市場は，予測を行う目的によっていくつかに分類することができる．表 3.2 は，現在実施されているさまざまな予測市場を列挙したものである．当初，教

育・研究目的として始まった予測市場は，その予測パフォーマンスが注目されるようになるにつれ，マーケティング調査，収益予測，技術動向の予測，情報収集など幅広い分野に活用されるようになってきている．

b. 参加者による分類

予測市場は，対象となる参加者によって分類することができる．1つは市場参加者を広く一般に募集するタイプの予測市場で，例えばある商品に対する消費者の受容の度合いを測る際，アンケート調査などを補完ないし代替するために予測市場を用いるものなどがある．もう1つは企業内で実施するもので，検討中のプロジェクトの期待キャッシュフロー推定などに予測市場を用いる．専門家による分析を補完ないし代替するために予測市場を開設し，そのプロジェクトに関係する役職員などが市場に参加するのである．

c. 証券と市場の設計による分類

予測市場とそこで取引される予測証券には，さまざまな仕組みがありうる．ここではそれらに関する分類を示す．

1 先物型と株式型 上記の IEM の予測先物も含め，多くの予測証券は何らかの形で最終的に清算を行うことを前提としており，「先物型」と分類することができる．これに対し，満期の精算を想定していない「株式型」の予測証券の例は少ない．価格が最終的に確定する満期がない場合，予測を固めるべきタイミングがないこともさることながら，需給バランスのみに着目した投機的な売買を誘発するため，結果的に市場が崩壊するリスクがある．以下では，先物型の予測証券すなわち予測先物に議論を絞る．図 3.5 は，予測先物の分類を示す．

2 事象型と数値型 事象型は，指定された事象に対して Yes–No で答えるものである．例えば NewsFutures や Foresight Exchange で取引されているような，「明日の株価は上がる」，「2050 年までに人型ロボットのサッカーチームが人間のワールドカップチームに勝つ」といった類の，二択で答えられる事象である．真であった場合に与えられる報酬を 1（ないし 100）と設定すれば，その事象が真である確率（ないしそのパーセント値）が価格となる．これに対し数値型は，「この映画の興行収入は」といった，予測する数値そのもの，ないしそれを加工したものが価格となる．この点で見れば，事象型はデジタル型，数値型はアナログ型ということができる．

3.2 予測市場とは

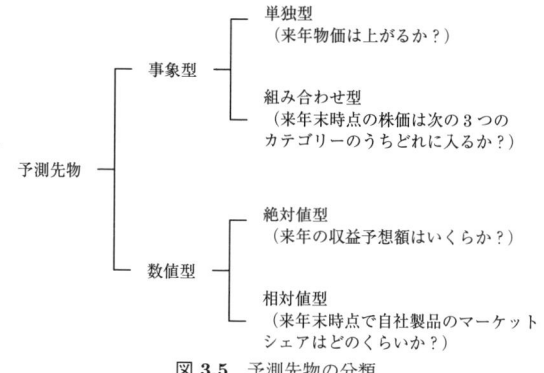

```
                   ┌ 単独型
                   │ （来年物価は上がるか？）
         ┌ 事象型 ─┤
         │         │ 組み合わせ型
         │         └ （来年末時点の株価は次の3つの
         │            カテゴリーのうちどれに入るか？）
予測先物 ─┤
         │         ┌ 絶対値型
         │         │ （来年の収益予想額はいくらか？）
         └ 数値型 ─┤
                   │ 相対値型
                   └ （来年末時点で自社製品のマーケット
                      シェアはどのくらいか？）
```

図 3.5　予測先物の分類

高コレステロール薬「Liptor」の 2004 年第 4 四半期の売上は？

予測先物の種類	価格
32 億ドル以上	1
28 億ドル以上 32 億ドル未満	17
24 億ドル以上 28 億ドル未満	51
20 億ドル以上 24 億ドル未満	1
20 億ドル未満	1

※2005 年 2 月 9 日時点。
※NewsFutures サイトデータより構成。

図 3.6　事象組み合わせ型予測先物の事例

　事象型は，単独型と組み合わせ型に分けることができる．単独型は，「明日株価は上がるかどうか」のように，1 つの Yes–No 型の質問に対する答えを予測するものである．これに対し組み合わせ型は，図 3.6 の例のように，予測対象となる数値があるレンジに入るかどうかを組み合わせるもので，結果として「数値型」のように予測対象がどのくらいの数値になるかを大まかに表し，また，市場全体としての「主観的」確率に基づくヒストグラムと見ることができる．

　数値型には，絶対値型と相対値型がある．前者はある商品の売上額などのような数値そのものを予測するもの，後者は IEM の米大統領選得票率先物市場のように，予測対象のシェアなど相対的な値を予測するものである．

　3　通　貨　現在運営されている予測市場の多くは仮想通貨を用いているが，一部には現実通貨を用いたものがある．現実通貨を用いた予測市場を一般向けに実施するためには，賭博に関する規制と，金融・資本市場に関する規制とをクリアする必要がある．これらの対応はコストと時間を要し，かつ制約も多いことから，米国では，現実通貨を使った予測市場は数少ない[6]．これに対し，

---

[6] 上記の IEM は，学術目的であること，ごく少額の取引であることなどにより，当局である CFTC

いくつかの英連邦系の国では賭博が合法化されているため，現実通貨を使った予測市場が商用サービスとして利用可能である．これらのサービスはインターネット経由であるため，実際には海外からの参加者も少なくない模様である．

3.3 予測市場の理論的背景

ここでは，将来予測の手法としての予測市場の理論的背景を，既存研究などで得られた知見をもとに示す．

3.3.1 予測証券のペイオフ構造

予測証券は，予測対象となる事象の帰趨によってその保有者の報酬が決定されるデリバティブである．Spann and Skiera[3]に従い，満期時点 T における i 番めの事象が発生した場合の報酬を $d_{i,T}$，予測対象となる事象を $Z_{i,T}$，事象に報酬を対応させる関数を $\phi(\cdot)$，事象の集合を I とすると，

$$d_{i,T} = \phi(Z_{i,T}) \qquad (i \in I)$$

という関係が成り立つ．ここで満期 T は，あらかじめ決められている場合もあるが，決まっていない場合もありうる．満期以前の時点 t で，満期時点の報酬の期待値を $\mathrm{E}_t[\tilde{Z}_{i,T,t}]$，$\phi(\cdot)$ の逆関数を $\phi^{-1}(\cdot)$，時点 t における報酬の期待値を $\mathrm{E}_t[\tilde{d}_{i,T,t}]$，満期時点 T における i 番めの事象に関する時点 t での予測証券の価格を $p_{i,T,t}$，予測証券に関する割引率を δ（非負の定数と仮定する）とすると，将来事象に関する現時点の期待値は，

$$\begin{aligned}\mathrm{E}_t\left[\tilde{Z}_{i,T,t}\right] &= \phi^{-1}\left(\mathrm{E}_t\left[\tilde{d}_{i,T,t}\right]\right) \\ &= \phi^{-1}\left(p_{i,T,t}\cdot(1+\delta)^{T-t}\right) \qquad (i \in I, t < T)\end{aligned}$$

と表すことができる．

Spann and Skiera[3]をはじめ，予測市場に関する既存の文献では，多くの場合予測証券の満期までの期間が短いことなどから，割引率の存在は想定してい

(Commodity Futures Trading Commission) および SEC (Securities and Exchange Commission) からノーアクション・レターを得ている．また 2004 年，HedgeStreet 社は，物価水準のような経済指標などについて，個人・法人投資家向けのリスクヘッジにも使える予測市場を開設した．

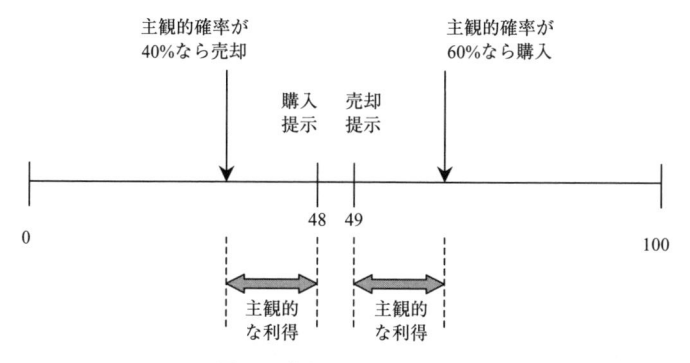

ない．これは予測証券の価格付けに関する疑問の余地ともなりうるものであるが，ここでは通例に従い，$\delta = 0$ と仮定する．

予測市場の参加者は，自らの主観的な予測（すなわち予測証券の価格）と，予測市場における予測証券の市場価格とを比較し，そこに差異があればそれをミスプライシングと考え，取引することによって利得の獲得を期待するか，あるいは自らの予測を修正することになる．図 3.7 は，ダブルオークション市場における，こうした期待利得に基づく取引を表している．この図で，最も高い購入提示価格は 48 であり，もし自らの主観的確率が 48% よりも低ければ（例えば 40%），48 で売却することによって期待利得を得ることができる．逆に最も低い売却提示価格は 50 であり，主観的確率が 50% よりも高ければ（例えば 60%），50 で購入することによって期待利得を得ることができる．

関数 $\phi(\cdot)$ の形は，予測証券の設計に関する仮定により異なる．予測証券が数値型の場合は

$$d_{i,T} = \rho \cdot Z_{i,T} \qquad \rho > 0 \quad (i \in I)$$

となる．ここで ρ は事象を報酬に変換する係数である．また事象型の場合は

$$d_{i,T} = \begin{cases} v & \text{予測事象が発生した場合,} \\ 0 & \text{それ以外の場合} \end{cases}$$

となる．ここで v は，予測事象が発生した場合の報酬である．したがって，当該問題に関するすべての種類の予測証券を 1 単位ずつ保有すれば，その合計の

価値は必ず v, すなわち $\sum_{i=1}^{I} d_{i,T} = v$ となる.

実際の予測市場では，複数の予測証券が複数の参加者によって同時に取引されることが多い．こうした場合，参加者は予測証券をポートフォリオで保有することになる．j 番めの参加者が時点 T に得る報酬を $R_{j,T}$，j 番めの参加者が時点 T に保有するポートフォリオの価値を $P_{j,T}$，変換する関数を θ，j 番めの参加者の当初の投資額を $G_{j,0}$，参加者のセットを J とすると，

$$R_{j,T} = \theta \cdot P_{j,T} \quad (j \in J), \quad \theta = \frac{\sum_{j \in J} G_{j,0}}{\sum_{j \in J} P_{j,T}}$$

と表すことができる．ここで θ は，参加者全員の当初の投資額を時点 T の資産の合計額で割ったもので，多くの非営利市場で見られるように，市場運営者が参加者の拠出した資金をそのまま分配に回すゼロサム・ゲームとして運営する場合は，$\theta = 1$ となる.

3.3.2 市場メカニズムと情報

市場における価格の動きから将来の予測が行えるのではないかという発想は，以前からあった．市場において個々の参加者が自らの利益を求める行動が全体にとって適切な資源配分につながるという考えは，もとをたどればアダム・スミスのいわゆる「神の見えざる手」論にまでさかのぼるが，これを情報の伝達・評価という観点から最初に考察したのはハイエクであった．

> 「この（価格）システムについてのもっとも重要な事実は，システムの運行に利用される知識の節約にあり，個々の市場参加者は正しい行動を選ぶためにほとんど何も知る必要がないという点にある」[4]*7)

現在このような考えは，ファイナンス理論の基本的な考えとなっている．市場において成立する資産の価格は，入手可能なすべての情報を反映したものとなっており，またそのような価格付けは，投資家の取引行動を通じた裁定機会の消滅によって担保されている．ここでは，投資家が特別な能力を持っていることを前提としていない．一部の投資家が保有する私的情報は，価格を通じて

---

*7) 『実験経済学の原理と方法』, Friedman D. and Sunder S. 著, 川越敏司ほか訳, 同文館出版, 1999.

市場全体に広まっていき，全体としての「合意」となる．

3.3.3 真の主観的予測の表明

予測市場の予測力は，参加者の市場への真剣な取り組みに強く依存している．したがって，参加者が予測市場において自らの予測に従って取引に参加する際には，その真の主観的予測を表明する必要がある．例えば，ある事象が実現したときに報酬 v をもたらし，そうでない場合の報酬はゼロであるような予測証券を仮定する．この事象の発生に関する参加者の主観的確率を π とし，参加者の効用関数を U($\cdot$) とすると，この予測証券の保有にかかる期待効用は E[U] $= \pi$U(v)$+(1-\pi)$U(0) である．この期待効用と等しい効用をもたらすような確実な利得を確実性等価と呼び，これを x^* とおくと，U(x^*) $= \pi$U(v)$+(1-\pi)$U(0) となる．Becker ら[5]がクジについて示したように，このようなセッティングのもとで参加者が期待効用を最大化する場合，予測証券の価格として，参加者自身の真の予測，すなわち確実性等価 x^* を指定することが支配戦略である．

上記では，この確率 π が既知であることが暗黙裡に前提とされている．しかし情報が偏在している場合，参加者のうち他より優れた情報（私的情報）を保有している一部の参加者は，それを利用して他の参加者から利益を得ようとする．このような場合，私的情報を持たない参加者は，取引において，そうした「私的情報を持っていないことによって損失を被るリスク」のプレミアムを提示価格に含めるため，その分だけ真の主観的予測からずれることとなる．市場における購入提示価格と売却提示価格の差，すなわちビッド・アスク・スプレッドは，こうした私的情報を持つ参加者に対抗するためのリスクプレミアムと考えることができる．

3.4 予測市場を用いた事業計画策定

本章の意図は，将来予測手法として用いられるようになった予測市場を，企業の事業計画策定に活用する手法を紹介することにある．シーメンスやヒューレット・パッカード，マイクロソフトなど，欧米の先進的な企業の中には，実験的ながらすでにこの目的で予測市場を用いる試みが始まっており，この動き

図 3.8　市場開設期間と予測対象期間

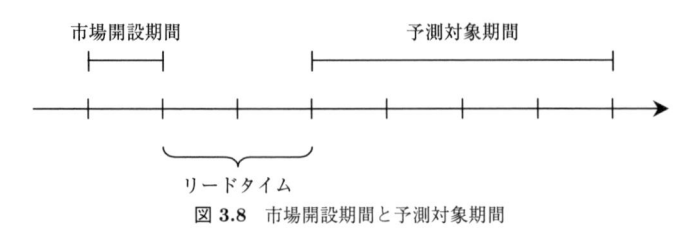

は加速する傾向にある．

3.4.1　将来キャッシュフローの予測

　事業計画策定に関する予測市場の応用で最初に考えられたのは，将来実施すべきプロジェクトなどの価値の推定手法としての活用である．予測担当者による分析など，将来キャッシュフロー予測のために従来用いられてきた手法では，幅広い情報を反映できないという問題があった．

　欧米では，いくつかの先進的な企業において，事業計画策定の際に予測市場を用いる試みが始まっている．例えばヒューレット・パッカード社では，カリフォルニア工科大学と共同で，同社の営業担当者を対象とし，プリンタ事業の収益を予測する予測市場の実験を行った．その結果，実験を行った 16 回のうち 9 回で，同社の公式の売上予測と同等かそれを上回る予測パフォーマンスを示した．現在では，実験の結果を踏まえてさらに改良を加えた予測市場を使った予測を行っているという．

　事業計画策定のための予測市場は，企業内での検討のために開設されるものであり，外部には公開せず当該企業の役職員のみを参加者とするものが多い．過去に実施された事例では，数人から数十人前後の職員が動員されているものが主流のようである．

　事業計画策定のための将来キャッシュフローの予測は，その予測対象となる期間が始まる前に行わなければ意味がない．したがって，このような予測市場の開設期間は，図 3.8 に示す通り，事業計画の策定および準備期間としてのリードタイムの分だけ，予測対象期間より前に先立つよう設定される．

a.　キャッシュフローの予測

　開設すべき市場のタイプは，対象となる予測問題によって選択する必要がある．ヒューレット・パッカードの例では，事象組み合わせ型の予測先物を使い，

3ヵ月先の売上が予測された．

直近のキャッシュフロー予測などの場合は，数値型の予測市場の方が具体的な金額をイメージしやすい．数値型の予測市場の場合，期待キャッシュフローの値は，市場運営期間の価格の平均などをとって示すことになる．この場合，市場運営期間の初期にはノイズが多く含まれることが多いため，後半に限定するなどの対応が必要である．

一方，数年先のような将来のキャッシュフロー予測などは，特定の値をイメージすることは難しい．したがって，例えば「3年後の収益は100〜120億円の間と考えられるかどうか」など，ありそうな値の範囲を選択する組み合わせ事象型の市場の方がよいと考えられる．

b. 事業価値の予測

事業計画策定においては，単年度のキャッシュフローではなく事業の価値，すなわちある期間にわたるキャッシュフロー全体を予測する必要がある場合もある．将来のキャッシュフローは，1期ごとに別々の予測市場を開設して予測していく手法も考えられるが，現時点から離れるにつれ，予測対象期間より前の時点の予測を前提とする「条件付き」予測となるため，運営すべき市場の数が加速度的に増えてしまうという問題がある．また実際，長期間にわたるキャッシュフローの予測を各期ごとに行うことは難しい．

そのような場合，基本ケースのキャッシュフローのシナリオとそれに基づいたDCF価値を提示し，それとの比較で予測を行わせることが考えられる．この場合も，予測対象期間が将来にわたることから，具体的な値として予測するよりも，事象組み合わせ型予測先物により，範囲で予測する方が容易である場合が多い．例えば，基本ケースの期待将来キャッシュフローに基づいたDCF価値を提示し，それと比べて−5%未満，−5〜+5%，+5%超のいずれに入るか，といった予測問題を設定するという手法が考えられる．

3.4.2 ボラティリティの予測

将来予測には，ある程度の不確実性がつきものである．したがって，事業計画の策定にあたっては，その前提となる将来予測に不確実性が介在することを意識しておく必要がある．特に，事業計画の中に，当初の計画を将来変更でき

る経営上の柔軟性を含めて考えるオプション分析を行う場合，事業の価値はそのボラティリティに大きく影響される．しかしこれまで，不確実性の予測に関する手法は，少数の専門家の経験や直感に基づいて設定する，といった定性的な手法に頼る部分が多かった．

a. 対数キャッシュフロー収益率アプローチ

Mun[6]は，ボラティリティの予測に関する定量的な手法として，対数キャッシュフロー収益率アプローチを提唱した．この手法は，将来のキャッシュフローの予測値とその収益率対数値を用いてボラティリティを計算する．すなわち，正味現在価値を求めるために作成した将来キャッシュフローのシナリオ $\{X_1, X_2, \ldots, X_n\}$ に基づき，それらの対数変化率 $\mu_s \equiv \ln(X_s/X_{s-1})$ のシナリオ値 $\{\mu_1, \mu_2, \ldots, \mu_n\}$ をサンプルとして用いて，収益率のボラティリティの推測値を求めるのである．パラメータ n を収益率 μ_s のサンプル数，$\overline{\mu}$ を μ の平均値とするとき，ボラティリティは次の式で求めることができる．

$$\sigma = \sqrt{\frac{1}{n-1} \sum_{s=1}^{n} (\mu_s - \overline{\mu})^2}.$$

この手法では，ボラティリティ予測のベースとなるサンプル数がその正味現在価値法に基づくキャッシュフロー予測値の数に依存し，そのため少なくなってしまうところに問題がある．また，ここで計算の根拠となる将来キャッシュフローの予測自体に特段の手法があるわけではないので，その根拠が適切でなければ，当然ながら予測自体の適切さにも問題が生じる．

b. 予測市場によるボラティリティ予測

予測市場を用いることで，事業計画策定のためのボラティリティ予測をより適切なものとすることができる可能性がある．しかし予測市場は将来のある時点を予測するものであるため，予測証券の価格変動が必ずしも将来の不確実性そのものを表しているわけではない．一般的に，予測市場における予測証券の価格変動は市場開設当初に大きく，市場での「合意」が形成されるにつれ，変動幅が縮小していく傾向がある．特に事業計画策定時のように，予測対象期間が始まるより前に市場運営が終了する場合，市場を開設してしばらくすると新たな情報が出なくなるため，価格はある水準に収束することが多い．このよう

な当初の大きな価格変動は，参加者間の「意思」の収束の過程であって対象数値のばらつきに関する予測ではないため，ボラティリティの予測には使うことはできない．

したがって，予測市場によってボラティリティ予測を行う場合には，事象組み合わせ型の予測市場を用いて将来事象のばらつきそのものを予測する必要がある．例えば，将来のキャッシュフローを予測する場合には，それがとりうる範囲を想定し，いくつかの範囲に分けてそれぞれの状態が実現したときに価値を持つ予測先物の組み合わせを設定し，それらを取引する．その価格の組み合わせが，市場参加者の総意による「主観的」確率に基づくヒストグラムとなるのである[8]．

c. 分布の適合

事象組み合わせ型の予測先物を取引する予測市場から得られたヒストグラムを，確率分布とみなしてそのままモンテカルロ・シミュレーションなどに用いることもできる．しかし，このような価格の「分布」は，あくまでその時点で入手可能な情報に基づいてその参加者が抱いた期待であり，異なる時点，異なる情報，異なる参加者のもとではまた別の価格分布が得られる可能性がある．また，リアルオプション分析などを行う際には，対数正規分布や二項分布など，モデル上扱いやすい理論的分布に変換した方が好ましい場合が多い．したがって，この「分布」をそのまま使って予測を行うのではなく，カイ2乗検定などの手法により，既存の確率分布に適合させて使うことを考える．カイ2乗検定は，理論的な確率分布への適合度を測ることができる手法である[9]．計測尺度が名義尺度（数値的でないもの）でも数値尺度でもよい点，ヒストグラムの階級幅をそろえる必要がない点などで使い勝手がよい．階級が N 個あり，$O(k)$ を k 番めの階級の度数（実績値），$E(k)$ を適合分布に関するヒストグラムの k 番めの階級における期待度数（理論値）とすると，カイ2乗検定統計量は，

$$\chi^2 = \sum_k \frac{\{O(k)-E(k)\}^2}{E(k)}$$

---

[8] こうした予測市場は，その意味付けを直感的に理解しにくい部分があるため，事前に充分な説明を行う必要があるとともに，市場参加者もある程度の「慣れ」を要する．

[9] 本シリーズ『ビジネスへの確率モデルアプローチ』（第3巻）参照．

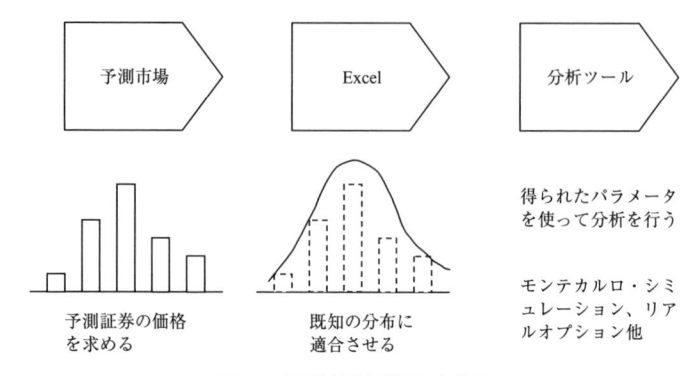

図 3.9 予測市場を活用した分析

と求められる．ここでk_{max}をk番めの階級の最大値，k_{min}をk番めの階級の最小値，$F(\cdot)$を適合させる確率分布の分布関数とすると，$E(k) = \{F(k_{max}) - F(k_{min})\}$である．Microsoft Excelなどの表計算ソフトのソルバー機能を使って，カイ2乗検定統計量を最小化する平均と標準偏差を求める[*10]．例えば対数正規分布を適合させれば，得られた標準偏差を離散時間下のリアルオプション評価モデルに使われる二項分布のパラメータに変換することもできる．

上記の流れを図に示すと，図 3.9 のようになる．すなわち，事象組み合わせ型の予測市場によって得られた予測証券の価格を，市場全体としての主観的確率に基づくヒストグラムと解釈し，それに既知の確率分布を適合させて分布のパラメータを抽出した上で，それを用いてその後のモンテカルロ・シミュレーションやリアルオプション分析などを行う，というものである．

第3章のまとめ

市場メカニズムを用いて将来予測を行う予測市場は，その予測パフォーマンスから，各方面で注目を集めるようになってきた．企業が事業計画策定の際に行う将来キャッシュフローやその不確実性の予測などにおいてもこのアプローチは有効であり，いくつかの先進的な企業において実践や実験が始まっている．これまで少数の専門家の見解やアンケートによる意見の集約に頼ってきた将来予測において，予測市場という新しいアプローチは，既存の手法を補完ないし

[*10] この手法については，構造計画研究所の辺見和晃氏にアドバイスをいただいた．

一部代替するものとして，今後さらに発展していく可能性がある．

(注) 本章は，平成 18 年度駒澤大学特別研究助成金を受けた研究に基づいて執筆されている．

文　　献

1) Berg, J. E., "Results of a Dozen Years of Election Futures Markets Research", Working Paper, College of Business Administration, University of Iowa, 2000.
2) Berg, J. E., Presentation at the DIMACS workshop on prediction markets, 2005.
3) Spann, M. and Skiera, B., "Internet-Based Virtual Stock Markets for Business Forecasting", *Management Science*, **49**(10), 1310–1326, 2003.
4) Hayek, F. A., "The Use of Knowledge in Society", *American Economic Review*, **35**(4), 519–530, 1945.
5) Becker, G. M., DeGroot, M. H. and Marschak, J., "Measuring Utility by a Single Response Sequential Method", *Behavioral Science*, **9**(July), 226–232, 1964.
6) Mun, J., *Real Options Analysis*, John Wiley, 2002.
7) Copeland, T. and Antikarov, V., *Real Options: A Practitioner's Guide*, TEXERE, 2001.

──────《お薦めの 3 冊》──────

- 『「みんなの意見」は案外正しい』，ジェームズ・スロウィッキー著，小髙尚子訳，角川書店，2006．

  原題は，集合知の代名詞ともなった「Wisdom of Crowds」．ある条件の下では，たくさんの人々の意見の集まりは，専門家のそれを超える優れた判断につながることがある．つきつめれば，それが民主主義というものの根底をなす．こうしたさまざまな事例の主要な 1 つとして，予測市場が紹介されている．

- 『フューチャー・オブ・ワーク』，トマス・W・マローン著，高橋則明訳，ランダムハウス講談社，2004．

  集合知を組織論の観点から見る本．「命令と管理」から「調整と育成」へ．ピラミッド型組織から，よりフラットな組織を志向する流れを，新しい意思決定手法，組織運営手法として捉える．企業内部における予測市場の活用例が紹介されている．

- 『ウェブ進化論』，梅田望夫著，ちくま新書，2006.
 ウェブの進化を概説する本．近年のウェブサービスを形容する表現として語られる「ウェブ2.0」の特徴の1つは，コンピュータの力を使って多数のユーザーの意見や行動を集約するユーザー参加型の仕組みである．この点から，この本では，予測市場をウェブ2.0の典型的な事例として捉えている．

4

市場の効率性と投資家行動
―エージェントベースモデルによる分析―

市場の効率性は伝統的資産価格理論における中心的な仮説であり，これまで数多くの議論が行われてきた．本章は，効率的市場において有効な手法とされるパッシブ運用手法が市場に与える影響をエージェントベースモデルにより分析したものである．分析の結果，パッシブ運用の有効性が確認されるとともに，パッシブ投資家が極端に多くなる場合においては，ファンダメンタルを反映しない価格付けや市場の安定性の低下などの悪影響が出る可能性のあることが確認された．また，投資に対する評価の基準により市場に生き残る投資家の種類が大きく変化することや，多様な投資家が存在する市場においては，パッシブ運用とアクティブ運用の両者が共存しうることなどの興味深い現象も確認した．

4.1　　　　　　　　は　じ　め　に

ファイナンスは，1950 年代以降盛んに研究されるようになってきた分野であり，これまで企業の資本構成に関する理論や，株式などの資産価格に関する理論，派生証券（デリバティブ）に関する理論など数多くの優れた理論が提案されてきた．市場の効率性は伝統的ファイナンス理論における中心的な仮説であり，効率的市場を前提とし，数多くのモデルが提案されている[*1]．例えば，最も広く知られた資産価格理論の 1 つである CAPM (Capital Asset Pricing Model)

[*1] 効率的市場においては，すべての証券の市場価値は常にその投資価値に等しいため[1, 2]，市場においてリスクに応じたリターン以上の超過収益を獲得することは困難である．

においては，効率的市場や合理的な投資家などの仮定をおいた上で，市場ポートフォリオを保有することが最適な投資戦略であるなどの指摘が行われている[3]．近年，資産運用の分野においても関心を集めつつあるパッシブ運用手法は，その意味において，有効な投資手法を提示するものである[*2]．

これまで市場の効率性を支持する報告が数多く行われる一方で，市場の効率性に対し疑問を投げかける報告も行われており，とりわけ近年，行動ファイナンスの分野において，(1) 意思決定のシステマティックなバイアスの存在，(2) 裁定取引の限界などの要因から，市場の効率性は必ずしも達成されないとの指摘が行われている[5, 6]．

本章では，このような議論の流れを受け，合理的でない投資家の存在する市場におけるパッシブ手法の有効性について分析を行うものとする[*3][*4]．次節において関連研究を示した後，4.3 節においてモデルの設計，4.4 節において分析結果を示し，その後まとめを行う．

4.2　関　連　研　究

株式市場が効率的か否かとの問いは，資産価格理論における最大の関心事の1つであり，今なお盛んに議論が行われている[8, 9]．イベントスタディなどにより市場の効率性のテストを行った実証分析も数多く，市場の効率性に肯定的な結果，否定的な結果，いずれの報告も行われており，いまだ議論の半ばにある[*5][13]．

情報構造の観点から市場の効率性を議論したものも数多く，広く知られたものとして Grossman and Stiglitz[14] らによる合理的期待均衡モデルに基づく研究が挙げられる．合理的期待均衡モデルにおいては，価格の果たす機能として，需給を一致させる役割に加え，情報を伝達する役割に注目している点が1つの

[*2]　パッシブ運用は，TOPIX や S&P などのインデックスの構成比率と同比率にて投資を行う運用手法である．パッシブ運用の詳細については，中央三井信託銀行年金運用研究会[4] を参照のこと．
[*3]　本章の分析は，高橋[7] をもとにまとめたものである．
[*4]　意思決定の合理性に関しては，数多くの議論が行われているが，簡単のため，本章における合理的投資家とは，ファンダメンタリストを指すものとする．
[*5]　近年の行動ファイナンスへの関心の高まりもあり，後者を支持する結果が数多く報告されている[10–12]．

特徴であるが，Grossman and Stiglitz [14] らは，投資家を市場価格からファンダメンタルバリューの推定を行う非情報投資家とコストを支払い私的情報を獲得する情報投資家の2種類に分類し，解析的な手法により価格変動メカニズムについて議論を行っている．さらに，近年，合理的期待均衡モデルの枠組みで，ノイズトレーダーをはじめとする合理的でない投資家行動を取り扱った報告も行われており，議論に広がりを見せている [6, 15]．

ところが，一般に，合理的でない投資家行動を扱った分析は，複雑な条件のものが多く，解析解を得ることが困難な場合が多い [16, 17]．また，合理的期待均衡モデルなどにおいては，合理的な投資家による取引価格の推定と実際の価格の決定が整合的であることが求められており，解析的に取り扱える範囲は，限定的なものとなっている [15]．このように，解析的な手法は，その有用性の反面，分析適用範囲が限定的となることから，複雑な条件のもとにおける分析のために，新たな分析手法を採用する必要性は高い．このような中，有効な選択肢の1つとして，エージェントベースモデルを挙げることができる．

エージェントベースモデルは，コンピュータサイエンスの分野において進展してきた分析手法であり，ボトムアップのアプローチによりミクロな挙動とマクロな事象の関連性を分析する手法である [18]．構成要素となるエージェントとそれらの相互作用の結果，系全体としては思いがけない様相が現れる現象は，しばしば創発と呼ばれるが，エージェントベースモデルは，そのような系の性質を分析する手掛かりとなると考えられている [19]．

エージェントベースモデルにより金融市場を対象とした事例も報告されており，例えば，Arthur ら [20] は，複雑な挙動は頑健に現れるなどの報告を行っている．エージェントベースモデルにより，行動ファイナンスや金融工学のモデルなどを取り扱った分析も報告されており，例えば，Takahashi and Terano [17] らは，トレンド予測を行う投資家が極端に多い場合や投資制約がある場合などにおいては，ファンダメンタリストが市場から淘汰されるメカニズムがあることを指摘している．また，高橋・寺野 [21] においては，リスクマネジメントが場合によっては市場に対し悪影響をもたらす可能性があることなどが示唆されている．

このように，エージェントベースモデルは，解析的手法と比べ分析の自由度

が高く，金融市場を分析する際の有効な分析手法の選択肢を提示するものである[16, 22]．本章においては，エージェントベースモデルにより，異質な投資家が取引を行う市場におけるパッシブ運用の有効性および市場に与える影響の分析を行うものとする．

4.3　モデル

本章のモデルは1,000人の投資家からなるコンピュータ上の金融市場であり，株式と無リスク資産の2資産が取引可能である．市場には複数のタイプの投資家が存在し，各自の投資ルールに基づき取引を行う．本市場は，企業利益の発生，投資家予測の形成，取引価格の決定の各ステップにより構成される．次節以降，取引可能な資産，投資家の意思決定ルールおよび取引価格の決定ルールについて説明を行う．投資家の意志決定については，パッシブ運用を行う投資家および自らの相場観に基づき超過収益獲得を目指す投資家のそれぞれについて説明を行う．なお，各パラメータの詳細は補足1を参照されたい．

4.3.1　市場において取引可能な資産

本市場には，無リスク資産とリスク資産の2種類が存在し，リスク資産としては，得られた利益のすべてを株主に対し毎期配当として支払う証券が1つ存在する．企業の利益 (y_t) は，$y_t = y_{t-1} \cdot (1+\varepsilon_t)$，ただし，$\varepsilon_t \sim N(0, \sigma_y^2)$ の過程に従い発生し，株式取引は当期利益公表後に行われる．$N(\mu, \sigma^2)$ は平均 μ，分散 σ^2 の正規分布を示す．投資家は，原則として無限に貸借が可能であり，初期の保有資産はすべての投資家について共通である（無リスク資産1,000，株式1,000からなるポートフォリオを保有）．また，投資家は，1期間モデルにより投資の意思決定を行い，投資比率の基準となるベンチマークとして，初期時点 ($t=0$) において無リスク資産1,000，株式1,000からなるポートフォリオのバイアンドホールドを採用する．次節において，パッシブ運用を行う投資家および自らの相場観に基づき超過収益獲得を目指す投資家のモデル化について説明する．

4.3.2 パッシブ運用を行う投資家

パッシブ運用を行う投資家は,ベンチマークと同様の投資比率にて運用を行う.そのため,超過収益獲得を目指す投資家と異なり,利益や株式価格の推移などによらず機械的に株式への投資比率の決定が行われる.本分析においては,パッシブ運用を行う投資家は,初期の保有資産のバイアンドホールドにより運用を行うものとする[*6].

4.3.3 自らの相場観に基づき超過収益獲得を目指す投資家

超過収益の獲得を目指す投資家は自らの相場観に基づき株式価格の予測を行い,$f(w_t) = r_{t+1}^{int,i} \cdot w_t + r_f \cdot (1-w_t) - \lambda (\sigma_{t-1}^s)^2 \cdot (w_t)^2$ の目的関数最大化に基づき株式への投資比率 (w_t) の決定を行う[*7)23)].ここで,$r^{int,i}$ および σ_{t-1}^s は,それぞれ投資家 i の株式の期待収益率およびリスクを示す.r_f はリスクフリーレートである.なお,株式のボラティリティ (σ_{t-1}^s) の推定は,過去の価格変動から見積もられる.

a. 株式期待収益率

期待収益率 ($r^{int,i}$) は,$r^{int,i} = (1 \cdot c^{-1} (\sigma_{t-1}^s)^{-2})/(1 \cdot c^{-1} (\sigma_{t-1}^s)^{-2} + 1 \cdot (\sigma_{t-1}^s)^{-2}) \cdot r_{t+1}^f + (1 \cdot (\sigma_{t-1}^s)^{-2})/(1 \cdot c^{-1} (\sigma_{t-1}^s)^{-2} + 1 \cdot (\sigma_{t-1}^s)^{-2}) \cdot r_{t+1}^{int}$ と算出される[23)].ここで,r_{t+1}^f, r_{t+1}^{int} は,それぞれ,短期的な期待収益率,株式のリスクおよび時価総額比率などから算出される期待収益率を示す.

短期的な期待収益率 ($r_t^{f,i}$) は,t+1 期の株式価格および利益の予測 ($P_{t+1}^{f,i}, y_{t+1}^{f,i}$) から,$r_{t+1}^{f,i} = ((P_{t+1}^{f,i} + y_{t+1}^{f,i})/P_t - 1) \cdot (1+\varepsilon_t^i)$ と求められる.同じ予測タイプの投資家でも詳細な見通しは異なることを反映し,短期期待収益率には誤差項 ($\varepsilon_t^i \sim N(0, \sigma_n^2)$) を含むものとした[*8)].株式価格 ($P_{t+1}^{f,i}$) および利益の予測 ($y_{t+1}^{f,i}$) については後述する.

株式のリスクなどから求められる株式期待収益率 (r_t^{im}) は,株式のリスク (σ_{t-1}^s),ベンチマークにおける株式比率 (W_{t-1}),投資家のリスク回避度 (λ),リ

[*6)] そのため,パッシブ運用を行う投資家は常に株式を 1 株のみ保有し,分析期間中取引は一切行わない.
[*7)] 当意思決定モデルの詳細については,Black and Litterman[23)] を参照のこと.
[*8)] 短期期待収益率は現時点の価格に依存したものとなっており,現時点の価格は後述の条件を満たす価格に決定される[20)].

スクフリーレート (r_f) から，$r_t^{im} = 2\lambda(\sigma_{t-1}^s)^2 W_{t-1} + r_f$ と求められる．

b. 株式の予測価格算出方法

ここでは，株式価格および利益の予測方法 $(P_{t+1}^{f,i}, y_{t+1}^{f,i})$ について説明を行う．はじめに，ファンダメンタルバリューに基づく予測を行う投資家の説明を行った後，トレンド予測をする投資家，自信過剰な投資家，損失を過剰に見積もる投資家について説明する．

1 ファンダメンタリスト 株式のファンダメンタルバリューを見積もるモデルについては，数多くのモデルが提案されているが，本分析におけるファンダメンタリストは，配当割引モデルにより株式価格を見積もるものとする．ファンダメンタリストは，利益がブラウン運動に従い発生することを知っており，株式の予測価格 (P_{t+1}^f) および予測利益 (y_{t+1}^f) を，当期の利益 (y_t) と株式の割引率 (δ) からそれぞれ，$P_{t+1}^f = y_t/\delta$，$y_{t+1}^f = y_t$ と見積もるものとする．

2 トレンド予測をする投資家 人間は日々ランダムに変動する株式価格の中にトレンドを見出す傾向があるとの報告が行われている．本分析ではトレンド予測をする投資家は，直近の株式価格変動のトレンドを外挿して，次期の株式価格および利益の予測を行うものとする．トレンド予測を行う投資家は，$t-1$ 時点における直近 10 日の株価変動のトレンド (a_{t-1}) から，$P_{t+1}^f = P_{t-1} \cdot (1+a_{t-1})^2$，$y_{t+1}^f = y_t \cdot (1+a_{t-1})$ のように，次期の株式価格および利益を予測する．

3 損失を過剰に見積もる投資家 Kahneman and Tversky[24] は，プロスペクト理論の中で，人間の意思決定は価値関数の最大化に基づいて行われるとの指摘を行っている．本分析では，プロスペクト理論の指摘する意思決定の特徴の中から参照点からの損失を過剰に見積もる点を取り上げモデル化を行っている．本分析では，損失を大きく見積もる投資家は，直近の価格 (P_{t-1}) が参照点の価格 (P_t^{ref}) より低い場合に，当初の予測価格 $(P_{t+1}^{bef,f})$ を，$P_{t+1}^f = 2.25 \cdot P_{t+1}^{bef,f} - 1.25 \cdot P_t^{ref}$ の変換式に基づき変換し，最終的な予測価格 (P_{t+1}^f) を算出するものとした．参照点の価格 (P_t^{ref}) については，直近 10 日間の株式価格のうち最も高い価格とし，当初の予測価格 $(P_{t+1}^{bef,f})$ はファンダメンタルバリューに基づくものとした．

4 自信過剰な投資家 人間は自らの能力に対し過剰な自信を持つ傾向があるとの報告は数多く行われており，そのような投資家行動と整合的な報告も数多く行われている．本分析においては，株式のリスクを小さく見積もるもの

として自信過剰な投資家のモデル化を行っている．自信過剰な投資家の推定株式リスク (σ_t^s) は，直近の株価ボラティリティ (σ_t^h) および自信過剰の程度を決める調整係数 ($k=0.6$) から，$((\sigma_t^s)^2 = k \cdot ((\sigma_t^h)^2)$ と算出される．

4.3.4 取引価格の決定

取引価格は，株式の需要と供給が一致する価格に決定される．株式の発行数は分析期間中一定であるので，株式の供給量は常に一定であるのに対し，需要については，取引価格により変化する．需要と供給の一致は，株式の需要が取引価格の変化により調整されることによって達成される ($\sum_{i=1}^{M}(F_t^i w_t^i)/P_t = N$)[*9]．なお，$t$ 期における投資家 i の保有する資産総額 (F_t^i) は，t 期における取引価格 (P_t)，利益 (y_t) および $t-1$ 期における投資家 i の保有資産総額，株式への投資比率 (w_{t-1}^i)，リスクフリーレート (r_f) などから，$F_t^i = F_{t-1}^i \cdot (w_{t-1}^i \cdot (P_t + y_t)/P_{t-1} + (1-w_{t-1}^i) \cdot (1+r_f))$ と算出される．

4.4 分 析 結 果

本分析では，はじめにファンダメンタリストとパッシブ投資家の 2 種類の投資家のみが存在する市場について分析を行った後，3 種類の投資家が取引を行う場合について分析を行う．後者については，ファンダメンタリストとパッシブ投資家に加え，トレンド予測を行う投資家や自信過剰な投資家などが加わった場合について分析を行う．

4.4.1 ファンダメンタリストとパッシブ運用を行う投資家が取引を行う場合

本節では，ファンダメンタリストとパッシブ運用を行う投資家の 2 種類の投資家が存在する場合について分析を実施する．ファンダメンタリストとパッシブ運用を行う投資家は，それぞれ同数存在するものとする．この場合，取引価格に対し影響を与える投資家はファンダメンタリストのみであることから，取引価格はファンダメンタルバリューとなることが期待される．

取引価格の推移と，各タイプの投資家の超過収益を，それぞれ図 4.1 および

[*9] 実際の計算においては，1 期前の取引価格を初期値として数値的に取引価格の算出を行っている．

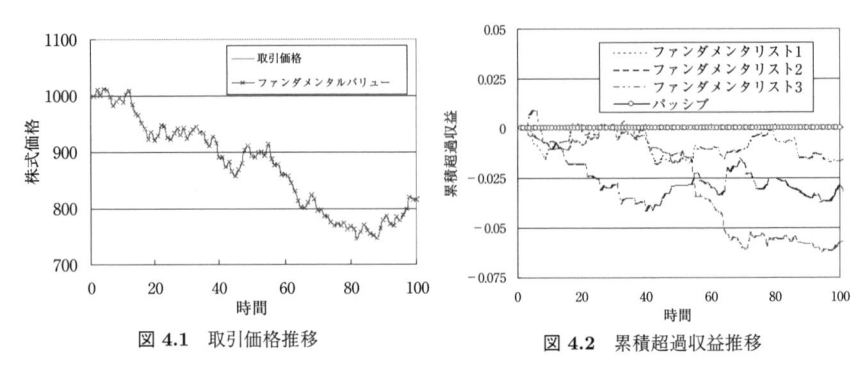

図 4.1 取引価格推移　　　　**図 4.2** 累積超過収益推移

図 4.2 に示す．パッシブ投資家とファンダメンタリストは，平均的には同様の超過収益を獲得していることを確認できる．このように，ファンダメンタリストが価格に強い影響を与え，取引価格がファンダメンタルバリューと一致している場合は，パッシブ運用の投資行動は，結果的にはファンダメンタリストと同様のものとなり，その結果，パッシブ運用によりファンダメンタリストと同様の収益を獲得することが可能となる．これらの結果は，パッシブ運用の有効性を支持する結果であり，伝統的資産価格理論と整合的な結果である．

現実の市場における投資家は，必ずしも同じ投資戦略をとり続けるわけではなく，状況に応じ戦略の変更を行うケースは少なからず存在する．投資戦略の変更に関し，いくつかの傾向が認められるが，直近の超過収益が目標の水準に達していない状況下において，自らの投資戦略を変更する可能性が高くなる点は，1つの傾向として挙げられる．そこで本分析では，市場に自然選択の原理が働き，直近の超過収益の水準に基づき，投資家が自らの戦略の変更を行う場合について分析を行う．本分析においては，投資家は自らの投資結果が目標とする超過収益水準に満たない場合に，投資戦略の変更を行う可能性が発生するものとした．目標となる超過収益の水準については，目標の高いものから低いものまで3通りについて分析を行い，それぞれ，(1) 正の目標超過収益水準を下回る場合，(2) 超過収益が0未満の場合，(3) 超過収益が極端に悪い場合 (負の一定水準を下回る場合)，について取り扱うものとした (自然選択の原理の詳細については補足2を参照のこと)．

はじめに，正の目標超過収益水準を下回る状況において戦略の変更の可能性

がある場合について分析を実施した．取引価格および投資家数の推移を図 4.3 および図 4.4 に示す．この場合においては，ファンダメンタリストの数が初期においては若干上昇するものの，その後，両タイプの投資家が市場に共存し続けることを確認できる．本研究では再現性を確認するため，同様の分析を 100 回繰り返し，ファンダメンタリストの投資家数の推移について分析を行った．図 4.5 および図 4.6 は，各時点におけるファンダメンタリストの数の分布を示したものである．時間の推移とともにファンダメンタリストの数が若干上昇しているものの，ファンダメンタリストおよびパッシブ投資家が共存していることを確認できる．ファンダメンタリストとパッシブ運用手法に基づく投資家の 2 種類のみの投資家しか存在しない場合においては，両者の超過収益は平均的に等しいことから，両タイプの投資家の共存が可能になっていると考えられる．

次に，投資戦略を変更する評価の基準を変更し，超過収益が 0 未満のときに戦略の変更が行われる可能性がある場合について分析を実施した．取引価格およびファンダメンタリスト数の推移を図 4.7 および図 4.8 に示す．この場合に

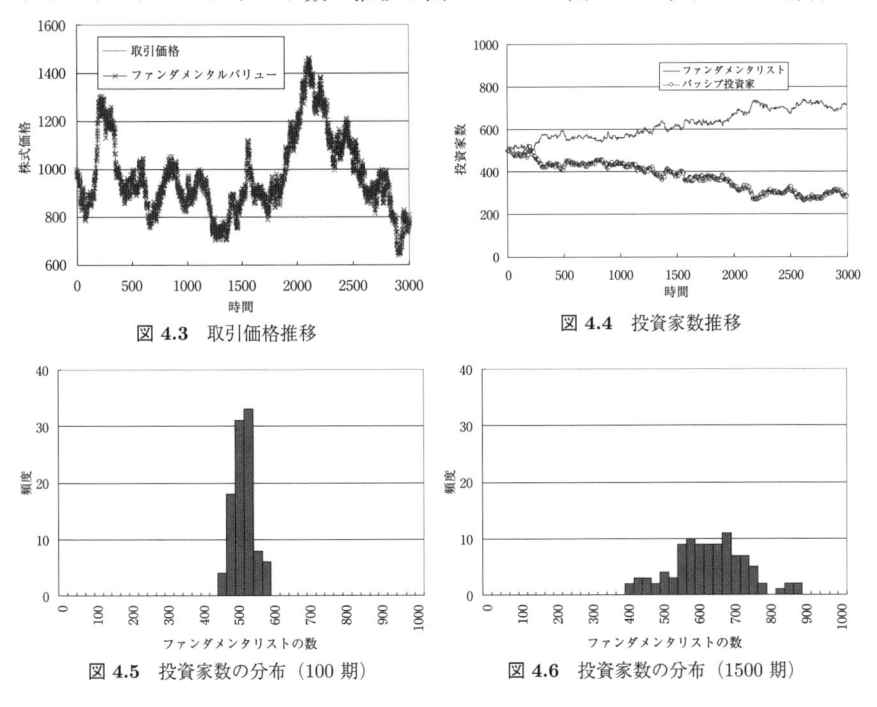

図 4.3 取引価格推移

図 4.4 投資家数推移

図 4.5 投資家数の分布（100 期）

図 4.6 投資家数の分布（1500 期）

おいては，パッシブ投資家の数が時間の推移とともに徐々に増加し，その結果，取引価格がファンダメンタルバリューを反映しなくなっている[*10]．

このような結果は，「価格が情報効率的ならば，誰も私的情報を用いて取引はしないはずであるが，そのような場合に価格はいかにして効率的になるのか？」ということを指摘した Grossman Paradox や，「価格が情報効率的ならば情報収集のインセンティブが存在しないが，誰も情報を収集しなければ市場は情報効率的にはならず，情報効率的な市場は存在しないのでは？」とのことを指摘した Grossman/Stiglitz Paradox などの指摘と整合的なものと捉えることもできる[15]．

同様の分析を 100 回実施した場合の投資家数の推移を，図 4.9 および図 4.10 に示す．100 回繰り返した場合においても，時間の推移とともにファンダメンタリストが市場から淘汰され，パッシブ運用を行う投資家が市場に生き残ることを確認できる．ファンダメンタリストの超過収益は時点によりばらつくことから，長期的には戦略の変更を行う可能性がある．それに対しパッシブ投資家は，超過収益は常に 0 であることから，戦略の変更が行われることはない．そのため，各期において戦略の変更を行う投資家は微小なものであったとしても，ファンダメンタリストは徐々に市場から淘汰され，最終的にはほとんどの投資家がパッシブ運用を行うようになっている[*11]．

図 4.11 は，図 4.7 の時点 1500 においてトレンド予測を行う投資家が 10 人市場に参入してきた場合の価格推移を示したものである[*12]．パッシブ投資家が極端に多い状況においては，ファンダメンタリスト以外の投資家が 10 人入っただけでも，資産価格が大きな影響を受けることを確認できる．

現実の運用においては，ベンチマークに対する超過収益が正か負かという点に焦点があてられ，評価が実施される場合が少なくない．簡略化した条件のもとでの分析ではあるが，当分析結果は，そのような状況においては，パッシブ運用が長期的に見ると有効な手法であることを示唆するものである．しかし，その一方で，極端なケースではあるが，パッシブ投資家が多くなったケースにお

[*10] すべての投資家がパッシブ運用を行う場合，取引価格はどのような値も取り得る．
[*11] 超過収益のマイナスの幅が一定水準より大きい場合に戦略の変更が起こり得る場合についても分析を行い，その場合においても，パッシブ投資家の数が徐々に増えていくことを確認している．
[*12] パッシブ運用を行う投資家のうち 10 人がトレンド予測を行うものとした．

図 4.7 取引価格推移

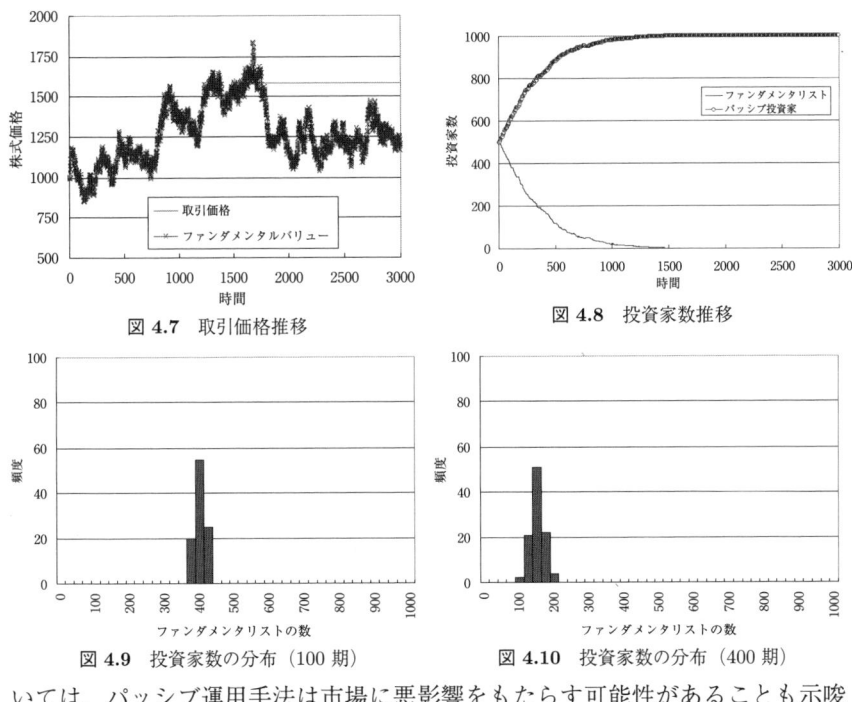

図 4.8 投資家数推移

図 4.9 投資家数の分布（100 期）

図 4.10 投資家数の分布（400 期）

いては，パッシブ運用手法は市場に悪影響をもたらす可能性があることも示唆しており，その意味においても興味深い結果である．

また，自然選択の原理を用いた分析では，投資の評価方法により市場に生き残る投資家のタイプが大きく変化することを確認した．現実の資産運用においては，投資に対する評価は日常的に行われている．そのような評価方法の役割としては，(1) 投資成果の評価といった過去を振り返る側面と，(2) 運用の目標といった将来の投資家行動に影響を与える側面の両者があるが，本分析は，後者に関し，評価方法の違いが，中長期的には投資家行動を通じ市場に強い影響を与える可能性を示唆するものである．

実際に投資を行うにあたっては，取引のためのコストや調査のためのコストが必要となる．そこで，これらのコストを考慮した分析についても実施した．調査コスト 0.1 BP，取引コスト 20 BP とした場合の分析結果を図 4.12 に示す．パッシブ投資家は常に一定の保有株数であり，調査および取引コストはかからないのに対し，ファンダメンタリストは，毎期，調査および取引コストが必要と

図 4.11 取引価格推移

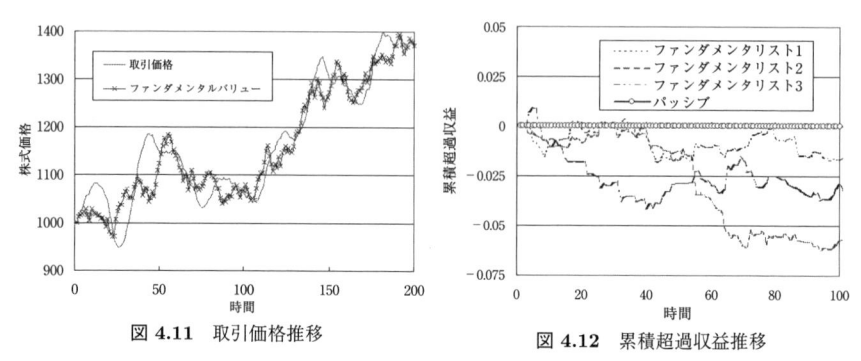

図 4.12 累積超過収益推移

なることから，コストの分だけ超過収益は低下していることを確認できる．現実の市場において，調査および取引などのコストが超過収益レベルの低下をきたす現象は，一般的なものであり，そのような中，パッシブ投資家が，コストの観点から相対的に強い競争力を持つのは，示唆に富んだ現象である．

4.4.2 3種類の投資家が取引を行う場合

本節においては，これまで取り扱ってきた，ファンダメンタリストおよびパッシブ運用を行う投資家に加え，異なるタイプの投資家が加わった場合について分析を行う．本分析では，トレンド予測を行う投資家，自信過剰な投資家，損失を大きく見積もる投資家がそれぞれ取引を行う場合について分析する．

はじめに，トレンド予測を行う投資家（400人）とファンダメンタリスト（400人）およびパッシブ運用を行う投資家（200人）が市場で取引を行う場合について分析を行った．図 4.13 および図 4.14 は，価格推移および各投資家ごとの超過収益の推移を示したものである．このケースにおいては，ファンダメンタリストに比べて超過収益のレベルは低下するものの，パッシブ運用を行う投資家は，全体の投資家の中において中間的な超過収益を獲得していることを確認できる．同様の傾向は，投資家割合が異なっても確認することができる．さらに，自信過剰な投資家が存在する場合（図 4.15 および図 4.16）や損失を過剰に見積もる投資家が存在する場合（図 4.17 および図 4.18）についても，パッシブ投資家は中間的な水準となっていることを確認できる．

このように3種類の投資家が取引を行う状況において，パッシブ運用手法は，市場全体で見ると中間的な超過収益となっているが，この傾向は，前節におい

4.4 分析結果

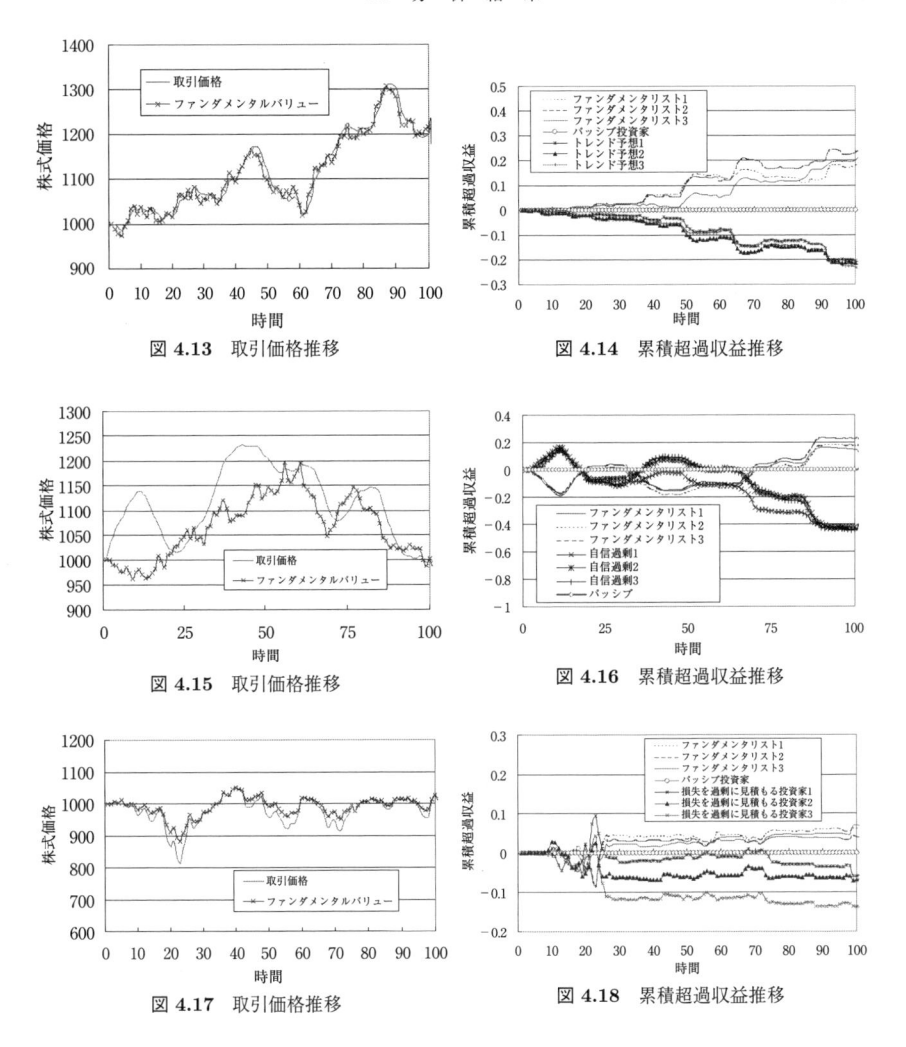

図 4.13 取引価格推移

図 4.14 累積超過収益推移

図 4.15 取引価格推移

図 4.16 累積超過収益推移

図 4.17 取引価格推移

図 4.18 累積超過収益推移

て得られた分析結果とは異なる．市場条件によりパッシブ運用の有効性が変化するのは，興味深い現象である．

次に，3種類の投資家が取引する市場において，自然選択の原理が働く場合について分析を実施した．現実の投資家は，必ずしも直近の超過収益率が良い投資手法に戦略の変更を行うわけではない．そこで，本分析では，自然選択のルールを若干変更し，超過収益に基づく投資戦略の変更後，一定の確率 (0.01%)

でランダムに戦略の変更を行う場合について分析を実施した[*13]．当分析においては，ファンダメンタリスト，パッシブ運用を行う投資家に加え，トレンド予測を行う投資家が存在する場合について分析を実施している．

図 4.19 および図 4.20 は，超過収益が 0 未満のときに戦略の変更が行われる可能性がある場合の取引価格および投資家数の推移を示したものである[*14]．前節までの結果とは異なり，ファンダメンタリストとパッシブ投資家の両者が共存していることを確認できる．この場合においては，自然選択のルールに一定の確率でランダムに戦略の変更が行われるルールが加わったため，トレンド予測を行う投資家が長期にわたり完全に市場から淘汰されることはない．そのため，ファンダメンタリストは，常にトレンド予測を行う投資家から超過収益を獲得することが可能となり，その結果，ファンダメンタリストおよびパッシブ運用を行う投資家の両者が，市場に共存することが可能となっている[*15]．

また，前節の分析においては，図 4.11 に示したように，自然選択の働いた場合において市場の安定性が低下する現象が見られたが，当条件においては，多様な投資家が存在することにより，ファンダメンタリストが一定割合生き残り，その結果市場の安定性も増している[*16]．

実際の株式市場などにおいては，多様な投資家が取引を行っており，さらに，現実の市場においてパッシブ運用とアクティブ運用が共存している．このような現実の市場の挙動は，本節において示した結果と整合的なものであると捉えることも可能であり，興味深いものである．

[*13] 追加したルールは，遺伝的アルゴリズムの突然変異に相当する．また，変更可能な投資戦略の種類は，ファンダメンタルに基づく予測，トレンド予測，パッシブ運用の 3 種類に限定した．
[*14] ファンダメンタリストの数の推移を見ると，はじめ急速に増加し，その後緩やかに低下している．初期においては，トレンド予測の投資家数が多く，ファンダメンタリストへの資金の移動が起きているため，初期の急速な増加が見られると推定される．
[*15] 本条件においては，トレンド予測を行う投資家からファンダメンタリストに資金の移動が起こっている．しかし，条件によっては，ファンダメンタリストからトレンド予測への資金の移動が起こる状況も発生する点には，注意が必要である [17]．
[*16] 本分析の条件においては，ファンダメンタリストが市場に強い影響を与えているが，投資条件によっては，ファンダメンタリスト以外の投資家が価格に強い影響を与え，ファンダメンタリストが市場から排除されるような場合も発生する [17]．このような場合については，必ずしも本分析と同様の結果が出るとは限らない．このような状況における市場の詳細な分析は，今後の課題としたい．

図 4.19 取引価格推移

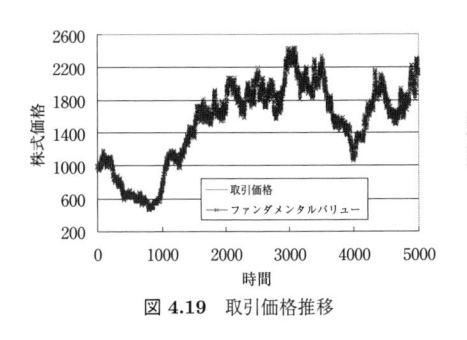

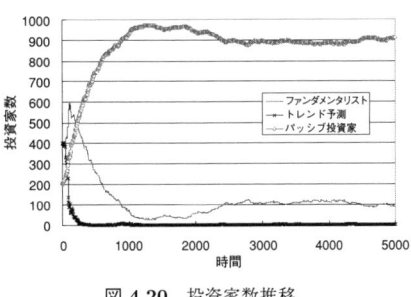

図 4.20 投資家数推移

第 4 章のまとめ

　本章では，市場の効率性に関する議論について触れた後，効率的市場において有効な投資手法とされるパッシブ運用の影響について分析を行った．その結果，パッシブ運用の有効性が市場環境により変化することや，パッシブ運用が市場にもたらす影響などを確認することができた．また，投資の評価基準により生き残る投資家のタイプが大きく変わることなど，示唆に富んだ現象も見出すことができた．コンピュータサイエンスにおいて進展してきたエージェントベースモデルや心理学の成果を取り込んだ行動ファイナンスなど，数多くの分野の成果を融合することにより，今後ファイナンス分野における議論が活発となることが期待される．

補　　足

　ここでは，本文中の分析に用いた金融市場のアルゴリズムについて説明を行う．はじめに，次節において分析に用いたパラメータの一覧を記した後，自然選択の原理について説明を行う．

補足 1　パラメータ一覧

本分析において設計した金融市場の主要なパラメータの一覧を記す．

　M ：投資家の数 (1000)

N : 発行株式数 (1000)

F_t^i : t期における投資家iの総資産額 ($F_0^i = 2000$：共通)

W_t : t期におけるベンチマークの株式比率 ($W_0 = 0.5$)

w_t^i : t期における投資家iの株式への投資割合 ($w_0^i = 0.5$：共通)

y_t : t期に発生した利益 ($y_0 = 0.5$)

σ_y : 利益変動の標準偏差 ($0.2/\sqrt{200}$)

δ : 株式の割引率 ($0.1/200$)

λ : 投資家のリスク回避度 (1.25)

c : 分散調整係数 (0.01)

σ_n : 短期の株式収益率のばらつきの標準偏差 (0.01)

σ_l : ノイズトレーダーの予測誤差の標準偏差 (0.01)

k : 自信度調整係数 (0.6)

補足2　自然選択の原理のルール

自然選択の原理を株式市場にあてはめた場合，適応している投資家はその戦略を続け，市場環境に適応できない投資家は市場から退場もしくはその戦略の変更を余儀なくされると解釈できる．本分析における自然選択の原理[25]は，(1)投資戦略を変更する投資家の選定，(2)投資戦略の変更方法，の2つのステップにより構成されるものとした．市場環境に適応している基準としては，ベンチマークの収益率に対する超過収益の水準を用いるものとする．なお，この基準により適応している程度を示したものを，本章では適応度と呼ぶものとする[*17]．

a. 投資戦略を変更する投資家の選定

本市場においては，直近5期間の累積超過収益をもとに自然選択の原理が働く．投資家は市場取引開始後25期を経過して以降，各5期間ごと，適応度に基づき投資戦略変更の有無を決定する．戦略変更の有無は，適応度が高いほど戦略変更の確率は小さく，適応度が低いほど戦略を変更する確率は大きくなる．具体的には，目標の超過収益を獲得できなかった投資家は，$p_i = \max(0.3 - a \cdot e^{r_i^{cum}}, 0)$の確率にて，自らの投資戦略を変更する．ただし，ここでr_i^{cum}は，投資家iの直近5期における累積超過収益率を示すものである．また，aは目標とする超

[*17] 遺伝的アルゴリズムにおける適応度と同様の意味である．

過収益のレベルに応じ,異なる値をとる係数である[*18].

b. 新しい投資戦略の選定

戦略の変更を決定した投資家は,新たな戦略を選択する必要がある.新しい戦略の決定方法にはいくつかの選択肢が考えられるが,本分析においては,遺伝的アルゴリズムの手法を応用し,直近5期の累積超過収益が高い投資戦略を選択しやすいものとした.投資家iの戦略をs_iとし,直近5期の累積超過収益をr_i^{cum}とすると,新しい投資戦略としてs_iが選択される確率p_iは,$p_i = e^{(r_i^{cum})}/\sum_{j=1}^{M} e^{(r_j^{cum})}$ のように与えられる.

文 献

1) 小林孝雄,"市場の効率性 ファーマから35年",証券アナリストジャーナル,**44**(10), 60–71, 2006.
2) Sharpe, W. F., Alexander, G. and Bailey, J., *Investments* (6th ed.), Prentice Hall, 1998.
3) Sharpe, W. F., "Capital Asset Prices: A Theory of Market Equilibrium under Condition of Risk", *The Journal of Finance*, **19**, 425–442, 1964.
4) 中央三井信託銀行年金運用研究会(著),米澤康博(監修),パッシブ・コア戦略,東洋経済新報社, 2001.
5) 加藤英明,行動ファイナンス(ファイナンス・ライブラリー 第5巻),朝倉書店, 2003.
6) Shleifer, A., *Inefficient Markets*, Oxford University Press, 2000.(兼広崇明訳,金融バブルの経済学,東洋経済新報社, 2001)
7) 高橋大志,"エージェントベースモデルによるパッシブ運用と資産価格変動の関連性の分析",国民経済雑誌,**190**(1), 33–51, 2004.
8) Fama, E., "Efficient Capital Markets: A Review of Theory and Empirical Work", *Journal of Finance*, **25**, 383–417, 1970.
9) Shiller, R. J., *Irrational Exuberance*, Princeton University Press, 2000.
10) 加藤英明,高橋大志,"天気晴朗ならば株高し",現代ファイナンス,**15**, 35–50, 2004.
11) Hirshleifer, D. and Shumway, T., "Good Day Sunshine: Stock Returns and the Weather", *Journal of Finance*, **58**, 1009–1032, 2003.
12) Saunders, E. M., "Stock Prices and Wall Street Weather", *American Economic Review*, **83**, 1337–1345, 1993.
13) Campbell, J., Lo, A. and MacKinlay, A., *The Econometrics of Financial Markets*, Princeton University Press, 1997.
14) Grossman, S. J. and Stiglitz, J. E., "On the Impossibility of Informationally Efficient Markets", *American Economic Review*, **70**, 393–408, 1980.

[*18] それぞれ,$a = 0.2, 0.3, 0.4$ の順に目標とする超過収益の水準は低下している.

15) Brunnermeier, M. K., *Asset Pricing under Asymmetric Information*, Oxford University Press, 2001.
16) Axtell, R., "Why Agents? On the Varied Motivation for Agent Computing in the Social Sciences", *The Brookings Institution Center on Social and Economic Dynamics Working Paper*, November, No.17, 2000.
17) Takahashi, H. and Terano, T., "Agent-Based Approach to Investors' Behavior and Asset Price Fluctuation in Financial Markets", *Journal of Artificial Societies and Social Simulation*, **6**(3), 2003.
18) Axelrod, R., *The Complexity of Cooperation: Agent-Based Models of Competition and Collaboration*, Princeton Uniersity Press, 1997. （松田裕之訳，つきあい方の科学，ミネルヴァ書房，1998）
19) 大内東，山本雅人，川村秀憲，マルチエージェントシステムの基礎と応用，コロナ社，2002.
20) Arthur, W. B., Holland, J. H., Lebaron, B., Palmer, R. G. and Taylor, P., "Asset Pricing under Endogenous Expectations in an Artificial Stock Market", Arthur, W.B., Durlauf S. N. and Lane, D. A. (eds.), *The Economy as an Evolving Complex System II*, Addison-Wesley, pp.15–44, 1997.
21) 高橋大志，寺野隆雄，"エージェントモデルによる金融市場のミクロマクロ構造の分析―リスクマネジメントと資産価格変動"，電子情報通信学会和文論文誌，**86-D-I**(8), 618–628, 2003.
22) 高橋大志，"行動ファイナンスとエージェントベースモデル"，オペレーションズ・リサーチ，**49**(3), 148–153, 2004.
23) Black, F. and Litterman, R., "Global Portfolio Optimization", *Financial Analysts Journal*, September-October, 28-43, 1992.
24) Kahneman, D. and Tversky, A., "Prospect Theory of Decisions under Risk", *Econometrica*, **47**, 263–291, 1979.
25) Goldberg, D., *Genetic Algorithms in Search, Optimization,and Machine Learning*, Addison-Wesley, 1989.
26) 高橋大志，"エージェントベースアプローチの金融市場への応用"，証券アナリストジャーナル，**41**(2), 58–69, 2003.

──────────《お薦めの3冊》──────────

- 『つきあい方の科学―バクテリアから国際関係まで』, **Robert Axelrod** 著, 松田裕之訳, ミネルヴァ書房, **1998.**

  著者のロバート・アクセルロッドは，エージェントベースモデルの分野において最も広く知られた研究者のひとりである．エージェントベースモデルに関する研究に興味を持った方は，本書およびその続編にあたる，**Robert Axelrod** 著，寺野隆雄訳，『対立と協調の科学―エージェ

ント・ベース・モデルによる複雑系の解明』，ダイヤモンド社，2003. にまずは目を通すとよいだろう．
- 『人工社会—複雑系とマルチエージェント・シミュレーション』, Joshua M. Epstein, Robert Axtell 著，服部正太，木村香代子訳，構造計画研究所，1999.

 本書は，エージェントベースモデルを社会科学に応用した研究事例について紹介した本である．文化の伝播から，疫病プロセスと幅広い領域をカバーしているが，特に，砂糖とスパイスの取引の研究紹介は，エージェントが効用関数に基づき取引を行う社会について分析を行い，示唆に富む結論を導き出している．この分析は金融市場における研究とも関連性が深く，その意味でも興味深いものとなっている．
- 『行動ファイナンス（ファイナンス・ライブラリー 第5巻）』，加藤英明著，朝倉書店，2003.

 初級者から中級者を対象として行動ファイナンスに関する研究を紹介した本である．前半では，伝統的ファイナンスおよび行動ファイナンスの議論の簡潔な説明，後半では，行動ファイナンスの研究事例が示されている．後半においては，著者による人工市場を用いた研究事例も紹介されている．

5

個人向け 10 年変動利付き国債のアナトミー

　財務省は国債の多様化政策の一環として 2003 年 3 月から個人向け 10 年変動利付き国債の発行を開始したが，いまだ，この商品に関する本格的な計量分析は見当たらない．そこで，本章では，計量的手法により当該国債の性質を明らかにするため，フォワードレート・マーケットモデルの枠組みでシミュレーション実験を行う．実験においては，個人向け変動利付き国債を，法人向け国債及び類似の性質を持つ仮想的ないくつかの商品と比較する．実験結果から，当該国債に内在するアメリカンプットオプションの価値の特徴などを把握することができた．

5.1　はじめに

　バブル経済が崩壊して以降，1990 年代を通して数々の財政政策が出動されたため，この財源をファイナンスするために巨額の国債が発行されてきた．ファイナンスを円滑かつ効率的に行うために，財務省は国債の年限の多様化や競争入札部分の増加など，さまざまな努力を行ってきた．多様化の一環として，財務省は 2000 年から法人向けに 15 年変動利付き国債の発行を開始した．近年の低金利環境下において，変動金利の特性を持つ法人向けの 15 年変動利付き国債は，多くの投資家によって好感され，国債市場における一大商品に成長しつつある．また，法人向け国債の成功を受けて，財務省は，2003 年 3 月から個人向けに 10 年変動利付き国債の発行を開始した．

　法人向け 15 年変動利付き国債は，法人向けであり，金融市場におけるプロフェッショナルが市場において取引する商品であるから，その価値の計量手法

に関しては数々の文献が証券会社を中心に公表されている．これに対して，個人向け 10 年変動利付き国債に関しては，商品の概略などの解説は数多く見受けられるものの，本格的な計量的分析は見当たらない．この理由の 1 つとしては，個人向け 10 年変動利付き国債の評価の方が，法人向け 15 年変動利付き国債の評価よりもはるかに複雑であることが挙げられる．そこで，本章では，フォワードレート・マーケットモデルの枠組みで，個人向け 10 年変動利付き国債の持つ性質を計量的に明らかにすることを目的とする．

本章の構成は，以下の通りである．5.2 節では，法人向け 15 年変動利付き国債と個人向け 10 年変動利付き国債の商品設計についてまとめた上で，類似点と相違点を明らかにする．5.3 節では，フォワードレート・マーケットモデルの枠組みと個人向け国債の評価手順に関して手短に述べる．5.4 節では，本章の主要な実証分析結果となる個人向け国債の評価に関するさまざまな数値例とそのインプリケーションを与える．最後にまとめと今後の課題を付す．

5.2 法人向け 15 年変動利付き国債と個人向け 10 年変動利付き国債

ここでは，法人向け 15 年変動利付き国債（適宜，法人向け国債と略す）と個人向け 10 年変動利付き国債（適宜，個人向け国債と略す）の商品設計を整理した上で[*1)]，これらの類似点と相違点を明らかにする．また，相違点の中で，特にどの相違点のために，法人向け国債を評価する際に多くの市場参加者が利用している簡便な公式が個人向け国債の評価に利用できないかについても指摘する．

5.2.1 法人向け 15 年変動利付き国債の商品設計

満期： 15 年
基準金利： 募集開始時の直前の 10 年利付き国債落札利回り
　　　　　利子計算日の初日が属する月の前月の 10 年利付き国債落札利回り
適用利率： 基準金利 $-\alpha$ BP[*2)]

[*1)] ここに示す商品設計は，2004 年時点のものであり，その後変更されている可能性がある．
[*2)] BP はベーシスポイント．

フロアの水準[*3]： 0%
1回の支払い利払い額： 額面金額 × 適用利率 ÷ 100 × 0.5
中途換金（売却）に関する事項： マーケットで常時換金（売却）可能
中途換金（売却）支払い額： マーケット価格と経過利子

5.2.2 個人向け10年変動利付き国債の商品設計

満期： 10年
基準金利： 募集開始時の直前の10年利付き国債落札利回り
　　　　　利子計算日の初日が属する月の前月の10年利付き国債落札利回り
適用利率： 基準金利 − 80BP
フロアの水準： 0.05%
1回の支払い利払い額： 額面金額 × 適用利率 ÷ 100 × 0.5
中途換金に関する事項： 第二利子支払日以降であれば売却可能
中途換金支払い額： 額面金額＋経過利息−直前2回の利子相当額
中途換金支払い日： 申込日を含めて4営業日

5.2.3 類似点と相違点

a. 類似点

　法人向け国債と個人向け国債との主な類似点は，(1) 適用利率が10年利付き国債の落札利回りに依存して変動すること，(2) 適用利率にフロアの水準が設けられておりフロアオプションが組み込まれた商品設計になっていること，の2点である．

b. 相違点

　法人向け国債と個人向け国債との主な相違点は，(1) 法人向け国債の満期が15年であるのに対し，個人向け国債の満期は10年である，(2) 適用利率を求める際に基準金利から差引く幅（α BP）が，法人向け国債では入札時点のマーケット状況に応じて各銘柄で異なるのに対して，個人向け国債では，現状（2003年度発行済み分）80 BPで統一されている，(3) フロアの水準が法人向け国債では0%に設定されているのに対し，個人向け国債では0.05%に設定されている，

[*3] 適用利率の下限となる金利．

(4) 法人向け国債では，換金の際の支払い額が換金時点の市場価格に経過利子を加えた額であるのに対し，個人向け国債では，額面金額（換金時点の市場価格ではなく）に経過利子を加えたものから直前2回の利子相当額を差引いた額であることから，個人向け国債には国債の価格に関するアメリカンプットオプションが組み込まれた商品設計になっている，の4点である．

5.2.4 個人向け10年変動利付き国債の評価に簡便な公式が利用できない理由

法人向け国債の評価であれば，山下[1]にあるようなキャップレットの評価式を利用して簡便な公式を導くことができるが，個人向け国債の場合には，5.2.3項bの(4)で指摘したように，個人向け国債を1年経過後から満期までの期間において，5.2.2項で示した中途換金支払い額で中途換金できるというアメリカンプットオプションが組み込まれているために，シミュレーションに基づく評価手法を採用せざるをえない．そこで，シミュレーションに基づく評価法を採用するに際して，5.4.2項では，厳密な価格を与えるブラック・ショールズ公式が利用可能なフロアレットやキャップレットを対象として，シミュレーションに基づく価格の評価誤差を確認する．

5.2.5 コンスタントマチュリティ・スワップと通常のスワップとの相違点

通常，価格が額面に等しい10年国債の利回り（10年国債のクーポン）であれば，その利回りの半分が利回り決定時点から半年ごとに10年間で20回にわたって支払われるのに対し，法人向け国債や個人向け国債では，利回り決定時点 i から半年後の $i+1$ 時点においてのみ決定利回りの半分が支払われる．よって，通常の国債利回りを法人向け国債や個人向け国債の支払い方法に即した利回りに変換しておく必要がある．これは，スワップ市場の言葉では，通常のスワップレートをコンスタントマチュリティ・スワップレートに変換することに対応する．この調整法に関しては，Brotherton-Ratcliffe and Iben[2]，Hull[3]，山下[1] を参照のこと．

5.3 フォワードレート・マーケットモデルの枠組みと個人向け国債の評価手順

本章においては，市場参加者のなじみ深い用語を用いた方が，理解が容易であろうと判断するため，スワップ市場用語も併用するが，実際の法人向け，個人向け国債の評価においては，スワップレートではなく，国債利回りを利用することをあらかじめことわっておく．

5.3.1 フォワードレートに関する記法とフォワードレートのダイナミックス
a. フォワードレートに関する記法

現在時点を時刻 0 とする．対象とするフォワードレートの種類は，時刻 0 を基準として，6ヵ月後を最初にして 6ヵ月間隔後ごとにスタートする年限 6ヵ月のフォワードレートである．これらのフォワードレートの時間経過に伴う変動を表現するための記法を導入する．時間のスケールは，6ヵ月を 1 単位時間とする．時刻 0 における 1 単位時間後から 2 単位時間後までのレートを表すフォワードレートを 1 番目のフォワードレート，時刻 0 における 2 単位時間後から 3 単位時間後までのレートを表すフォワードレートを 2 番目のフォワードレート，以下同様にして，時刻 0 における 49 単位時間後から 50 単位時間後までのレートを表すフォワードレートを 49 番目のフォワードレートとし，f_i $(i=1,\ldots,49)$ で表現する．f_0 は時刻 0 における年限 6ヵ月のスポットレートとなる．このように i で定まるフォワードレートの種類は時刻 0 を基準にして固定され，これらのフォワードレートが時刻 T_n においてとる値を $f_i(T_n)$ $(i=1,\ldots,49, n=0,\ldots,49)$ と記す．ここで，T_0 は時刻 0 を表し，T_{49} は 49 単位時間経過後の時刻を表す．このような記法のもとでは，図 5.1 に示すように，現在時点においては，スポットレートが 1 個 ($f_0(T_0)$) とフォワードレートが 49 個 ($f_i(T_0)$, $(i=1,\ldots,49)$) 存在し，1 単位時間後においてはスポットレートが 1 種類 ($f_1(T_1)$) とフォワードレートが 48 種類 ($f_i(T_1)$, $(i=2,\ldots,49)$) 存在する．

以下同様にして，時間が 1 単位時間経過するごとにフォワードレートが 1 種類ずつリセットされてスポットレート化することにより減少し，48 単位時間後にはスポットレートが 1 種類 $f_{48}(T_{48})$ とフォワードレートが 1 種類 $f_{49}(T_{48})$ 存

5.3 フォワードレート・マーケットモデルの枠組みと個人向け国債の評価手順　75

図 5.1 フォワードレートのダイナミックス

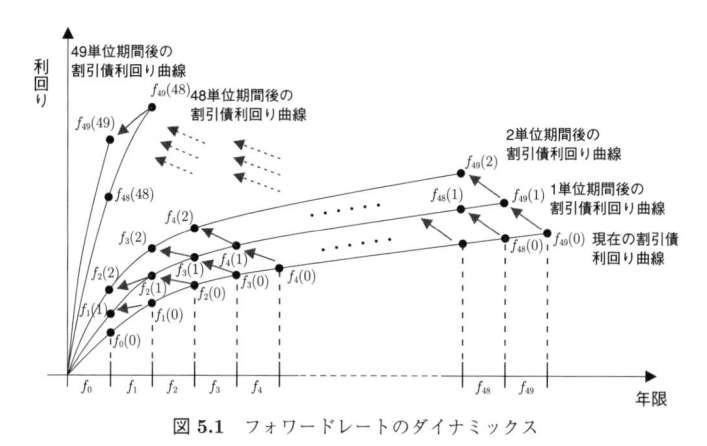

在することになる．

b. フォワードレートのダイナミックス

フォワードレートのダイナミックスとして，次を仮定する．

$$\frac{d\boldsymbol{f}(t)}{\boldsymbol{f}(t)} = \boldsymbol{\mu}(\boldsymbol{f},t)dt + \boldsymbol{S}(t)d\boldsymbol{w}_Q(t), \quad (5.1)$$
$$\boldsymbol{\rho}dt = d\boldsymbol{w}d\boldsymbol{w}^T \quad (dw_i dw_j = \rho_{ij}dt).$$

ここで，

$\dfrac{d\boldsymbol{f}(t)}{\boldsymbol{f}(t)}$： 時間に依存して定まる 49×1 の縦ベクトルであり，時間に依存して定まる 49 種類のフォワードレートの増分をパーセンテージで表示したもの．

$\boldsymbol{\mu}(\boldsymbol{f},t)$： 49×1 の縦ベクトルとして表示された 49 種類のドリフトであり，時間にもフォワードレートにも依存する．

$d\boldsymbol{w}_Q(t)$： 49×1 の縦ベクトルであり，測度 Q のもとで相関のある標準ブラウン運動，Q は評価に用いる測度．

$\boldsymbol{S}(t)$： 49×49 の対角行列であり，i 番目の成分は i 番目のフォワードレートのパーセント表示したボラティリティを表す．

$\boldsymbol{\rho}$： 各フォワードレート i を生成するブラウン運動増分 $dw_i(t)$ 間の関係を表現する 49×49 の瞬間的な相関係数行列．

また，(5.1) 式を形式的に積分すると，時刻 t におけるフォワードレート $f_i(t)$ の価値は次のようになる．

$$f_i(t) = f_i(0) \exp\left[\int_0^t \mu_i\left(\{\boldsymbol{f}(u), u\}\right) - \frac{1}{2}\sigma_i^2(u)du + \int_0^t \sigma_i(u)dw_i(u)\right]. \quad (5.2)$$

ここで，$f_i(t)$，$f_i(0)$ は，それぞれ，第 i 番目のフォワードレートの時刻 t，0 での値である．

c. フォワードレートの瞬間的なボラティリティとブラックボラティリティ

時刻 T_i でリセットされる i 番目のフォワードレートの瞬間的なボラティリティを σ_i，そのブラックボラティリティを $\sigma_{\text{Black}}(T_i)$ とすると，両者には次の関係式が成り立つ．

$$\sigma_{\text{Black}}^2(T_i)T_i = \int_0^{T_i} \sigma_i^2(u)du. \quad (5.3)$$

5.3.2 フォワードレート・マーケットモデルに基づくシミュレーション法

フォワードレートのダイナミックスを具体的にモンテカルロ・シミュレーションに基づいて実行する際に，踏まえておくべき事項を述べる．モンテカルロ・シミュレーションの対象となるのは，図 5.1 において示した各単位期間後の各フォワードレートである．これらのモンテカルロ・シミュレーション（49 種類の標準正規乱数を 1,000 個ずつ発生させて行った）に関する概念図を図 5.2 に示した（ただし，実際の 15 年変動利付き国債の評価に利用するのは，29 単位期

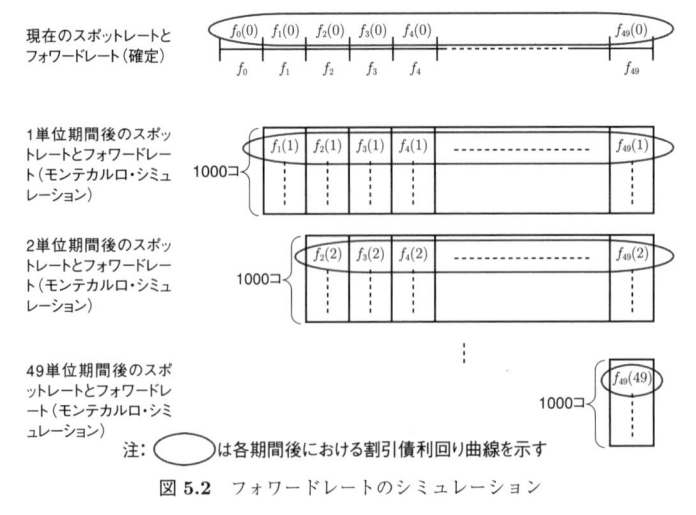

図 5.2 フォワードレートのシミュレーション

間後までである).図5.2で注目すべき点は,例えば,$f_2(2)$ としてシミュレートさせた1,000個は,$f_2(1)$ としてシミュレートさせた1,000個に依存していない点である.また,図5.2には表記されていないが,これらのフォワードレートのリターン((5.1) 式の左辺)は,いずれの組み合わせでも結合ガウス分布に従うことである.この性質は,デリバティブ評価を行うときに必要な時点のみのフォワードレートのシミュレーション値を柔軟に取り出す($f_i(\cdot)$ の括弧内に必要な時間を入れるだけでよい)ことができるため,非常に強力である.この性質を保証する条件は,(5.2) 式におけるドリフト項 $\mu_i(\{f(u), u\})$ と拡散項 $\sigma_i(u)$ がともにデタミニスティックであることである.この条件に関する詳細は,Nielsen[4] を参照されたい.

5.3.3 リスク中立フォワードレートとその近似

a. リスク中立フォワードレート

i 番目のフォワードレートの支払日 T_{i+1} よりも長い満期 T_{j+i} の割引債(本章では25年の割引債とした)をニューメレールとした場合,リスク中立フォワードレート $f_i(t)$ は,次で与えられる.この導出法に関しては,Rebonato[5] に丁寧な記述が見られるので,そちらを参照されたい.

$$\begin{aligned} f_i(t) &= f_i(0)\exp\int_0^t [\mu_i(\{f\}, u)]\,du + \sigma_i(u)dz_i(u) \\ &= f_i(0)\exp\int_0^t \left[-\sigma_i(u)\sum_{k=i+1}^j \frac{\sigma_k(u)\rho_{ik}(u)f_k(u)\tau_k}{1+f_k(u)\tau_k} - \frac{1}{2}\sigma_i^2(u)\right]du \\ &\quad + \int_0^t \sigma_i(u)dz_i(u). \end{aligned} \tag{5.4}$$

(5.4) 式における非積分関数の値に $f_k(t)$(未知ですらある)があるため,リスク中立フォワードレートはもはやガウスプロセスには従わず,このままではシミュレーションにおける強力な性質を利用することができない.この点を克服するために,リスク中立ドリフト項に近似を導入する.主な近似手法としては,次の2通りがある.

b. リスク中立ドリフトの近似手法 (1)

本来は確率変数であるべきファクターである $f_k(t)\tau_k/[1+f_k(t)\tau_k]$ を初期時点

のフォワードレート $f_k(0)$ を用いたファクター $f_k(0)\tau_k/[1+f_k(0)\tau_k]$ で近似するものであり,

$$\int_0^t \sum_{k=j+1}^i \frac{-\sigma_i(u)\sigma_k(u)\rho_{ik}(u)f_k(u)\tau_k}{1+f_k(u)\tau_k} du$$
$$\cong \sum_{k=j+1}^i \frac{-f_k(0)\tau_k}{1+f_k(0)\tau_k} \int_0^t \sigma_i(u)\sigma_k(u)\rho_{ik}(u)du \qquad (5.5)$$

を利用することになる.

Hull and White[6] では,近似手法 (1) は,シミュレーションの期間が 3 ヵ月,6 ヵ月,12 ヵ月程度であれば,innocuous(無害)であるとしているが,法人向け国債の評価においては,期間が 14.5 年となるため,Hull and White[6] が指摘するように無害である保証はない.実際,5.4 節において数値例を用いた検討を行うが,近似手法 (1) を用いた法人向け国債や個人向け国債の評価では,実務に耐えうる精度は期待できない.

c. リスク中立ドリフトの近似手法 (2)

この近似手法は,Kloeden and Platen[7] が提案する確率的なルンゲ・クッタ法を利用するものであり,Hunter ら[8] が早くから金利デリバティブの評価に利用している.Kloeden and Platen[7] では,確率過程 f のドリフト項 $\mu(f,t)$ と拡散項 $\sigma(f,t)$ が状態 f に依存する場合,時刻 t における状態の値 $f(t)$ を用いて,時刻 $t+\Delta t$ における状態の値 $f(t+\Delta t)$ を次のように近似することができる.

$$\begin{aligned} f(t+\Delta t) &\cong f(t) + \frac{1}{2}\left[\mu(f,t)+\mu(\hat{f},t)\right]\Delta t \\ &+ \frac{1}{4}\left[\sigma(\hat{f}^+,t)+\sigma(\hat{f}^-,t)+2\sigma(f,t)\right]\Delta z(t) \\ &+ \frac{1}{4}\left[\sigma(\hat{f}^+,t)-\sigma(\hat{f}^-,t)\right]\frac{\Delta z(t)-\Delta t}{\sqrt{\Delta t}}. \end{aligned} \qquad (5.6)$$

ここで,

$$\begin{aligned} \hat{f} &= f(t)+\mu(f,t)\Delta t+\sigma(f,t)\Delta z(t), \\ \hat{f}^+ &= f(t)+\mu(f,t)\Delta t+\sigma(f,t)\sqrt{\Delta t}, \\ \hat{f}^- &= f(t)+\mu(f,t)\Delta t-\sigma(f,t)\sqrt{\Delta t} \end{aligned}$$

とした.$\hat{f}$ は,1 次のテーラー近似であるから近似手法 (1) によって求められるものであり,また,本章で用いるフォワードレートのボラティリティはデタミ

ニスティックであるから，3種のボラティリティ $\sigma(\hat{f},t)$, $\sigma(\hat{f}^+,t)$, $\sigma(\hat{f}^-,t)$ は，いずれも $\sigma(t)$ に等しい．よって，上記の近似は，結局，次のように与えられる．

$$f(t+\Delta t) \cong f(t) + \frac{1}{2}\left[\mu(f,t) + \mu\left(\hat{f},t\right)\right]\Delta t + \sigma(f,t)\Delta z(t). \quad (5.7)$$

実際に，満期が T である金利デリバティブの価格付けに際しては，現在時点が 0，シミュレーションの期間が T であるから，(5.7) 式を，$t=0$, $t+\Delta t = T$ として利用すればよい．

5.3.4 個人向け 10 年変動利付き国債の評価手順

本章の個人向け国債の評価法は，リスク中立ドリフトに近似が入るという意味でそもそも近似的であるが，さらに，個人向け国債に組み込まれているオプションがアメリカンプットオプションであるにもかかわらず，フォワードレートの設定の仕方により，6ヵ月ごとの利払い時においていつでも行使可能というように，行使時点に制限が入っているという意味でも近似的である．しかし，計算量の負荷は大きくなるが，フォワードレートの年限をより細かくすれば（6ヵ月ごとではなく，1ヵ月，1週間ごとなど），評価価格は真の価格に収束する．5.4 節の数値例で利用するパラメータに関しては，フォワードレート間の相関係数としてヒストリカル相関係数（時間に依存しないものを仮定）を用い，ボラティリティに関しては市場のスワップション価格から推定したものを利用する．

個人向け国債の評価手順は，次の Step 1 から Step 4 である．

Step 1 フォワードレートをシミュレートする（図5.2を参照，ただし，29 単位期間後まで）．

Step 2 コンスタントマチュリティー・スワップレートをシミュレートする．

Step 3 各利払い日におけるペイオフを決定する．

Step 4 各ペイオフに基づいて法人向け，個人向け国債の最終的な評価を行う．

Step 4 では，個人向け国債に組み込まれているアメリカンプットオプションの行使を，各フォワードレートの任意の満期時点においていつでも行使可能であるようなバミューダン型オプションで近似する．

5.4 　　　数　値　例

　本節の目的は，第1に，リスク中立ドリフトの近似手法 (1) と近似手法 (2) とでは，どの程度の近似精度の違いが見られるかを検討することである．具体的には，満期が1単位期間後から29単位期間後までのアットザマネーのフロアレットやキャップレットの価格がブラック・ショールズ公式による価格からどの程度乖離するかを調べる．第2は，個人向け国債の価値を求めた上で，本題にアナトミーとあるように，その価値がどのような要因によるものであるかを具体的に検討するために，法人向け国債および他の類似な仮想的商品の価値と比較することである．また，その際に，法人向け国債の入札において決定される α に関する各商品の感応度や，個人向け国債に内在するアメリカンプットオプションの最適行使時点の分布に関しても紹介する．

5.4.1　デ　　ー　　タ

　日本国債の利回りデータとしては，2000年1月4日から2003年12月29日までの日次の割引債利回り（十分に柔軟なスプライン関数を用いてすべての利付き国債の価格＋経過利子に基づき導出）を用いた．本数値例においては，第1回から第3回までの募集時点における個人向け国債の価値を検討するので，2003年3月10日（第1回），2003年4月10日（第2回），2003年7月10日（第3回）の割引債利回り曲線を図5.3に示した．図5.3によれば，最も利回り水準が低かったのは2003年4月10日であり，次が2003年3月10日，最も利回り水準が高かったのが2003年7月10日（第3回）であった．より詳細に見ると，2003年4月10日と2003年3月10日との利回り水準の乖離は満期が8年超の割引債で見られ，この部分の利回り曲線が2003年3月10日において少しスティープであったことが見てとれる．また，2003年7月10日の利回り曲線の形状は，さらにスティープになっている．

　次に，3時点における1単位期間後 (0.5年) から29単位期間後 (14.5年) までの各単位期間に満期となる10年スワップションのインプライドボラティリティを図5.4に示した．図5.4において Historical とあるのは，先に示した割引債利

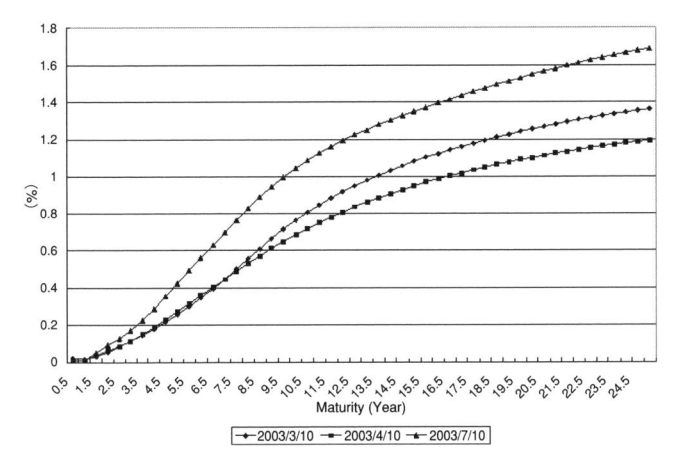

図 5.3 個人向け 10 年変動利付き国債の第 1 回,第 2 回,第 3 回の発行時点における国債ゼロ利回り曲線

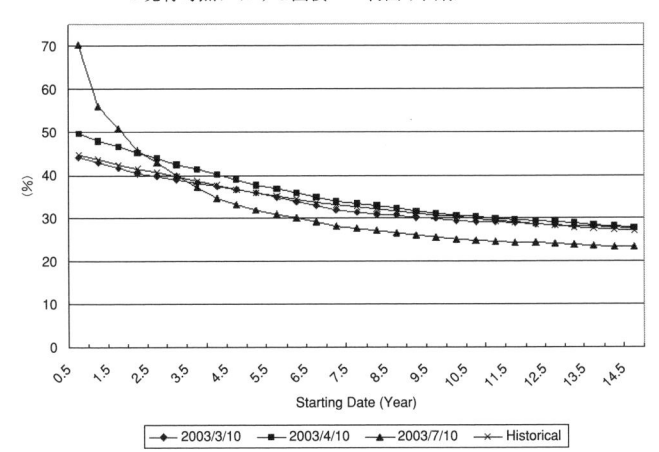

図 5.4 個人向け 10 年変動利付き国債の第 1 回,第 2 回,第 3 回の発行時点における 10 年スワップションのインプライドボラティリティ曲線

回りデータから,i 年後スタートの 10 年利付き債利回りを求めて,その標準偏差を示したものである.図 5.4 によると,2003 年 3 月 10 日のインプライドボラティリティは,どのオプションの満期に関しても,ヒストリカルボラティリティに概ね等しい.2003 年 4 月 10 日のインプライドボラティリティは,オプション満期が 8 年以下においてヒストリカルボラティリティよりも大きく,その程度はオプション満期の短いものの方が大きい.2003 年 6 月に国債市場に数

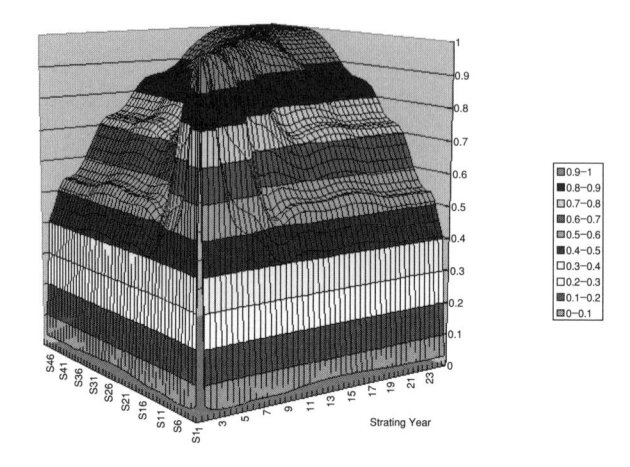

図 5.5 フォワードレートの相関係数

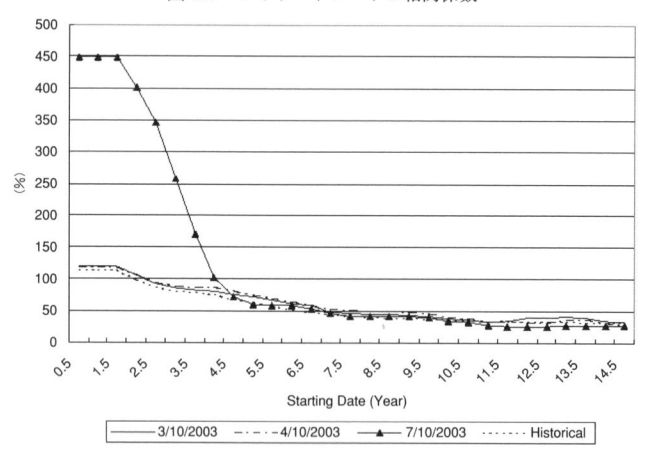

図 5.6 個人向け 10 年変動利付き国債の第 1 回, 第 2 回, 第 3 回の発行時点において推定されたフォワードレートの区分的な定数ボラティリティとヒストリカルボラティリティ

年に 1 度の大きな変動が見られたため，2003 年 7 月 10 日のインプライドボラティリティはかなり極端なものとなっている．オプション満期の短いものに関してはきわめて大きな値を示しているのに対して，オプション満期が長いものに関してはヒストリカルボラティリティよりも小さく，インプライドボラティリティカーブにかなりきつい湾曲が見られる．

フォワードレートのヒストリカル相関係数については，図 5.5 に示した．図

5.6 にあるフォワードレートのスタート時点が 5 年を超えるものになってくると，それらのフォワードレートの相関係数は急速に高くなり，スタート時点が 18 年を超えてくるとフォワードレートの相関係数はいずれも 1 に近くなることが確認される．

5.4.2 フォワードレートに関する単位期間ごとの定数ボラティリティの推定結果とリスク中立ドリフトにおける近似手法 (1), (2) の近似精度比較

5.4.1 項で示したデータを用いて，フォワードレートに関する単位期間ごとの定数ボラティリティを推定した結果を図 5.6 に示した．

図 5.4 で確認したスワップションのインプライドボラティリティの大きさを反映して，フォワードレートに関する単位期間ごとの定数ボラティリティは，2003 年 4 月 10 日では，わずかではあるが 2003 年 3 月 10 日よりも大きく，2003 年 7 月 10 日に関しては，オプション満期が 4 年以下のところできわめて大きな値となり，オプション満期が 10 年を超えるところでは最も小さな値となっている．

2003 年 3 月 10 日, 2003 年 4 月 10 日, 2003 年 7 月 10 日の 3 時点において，満期が 1 単位期間後から 29 単位期間後までのアットザマネーのフロアレットやキャップレットの価格がブラック・ショールズ価格からどの程度乖離するか

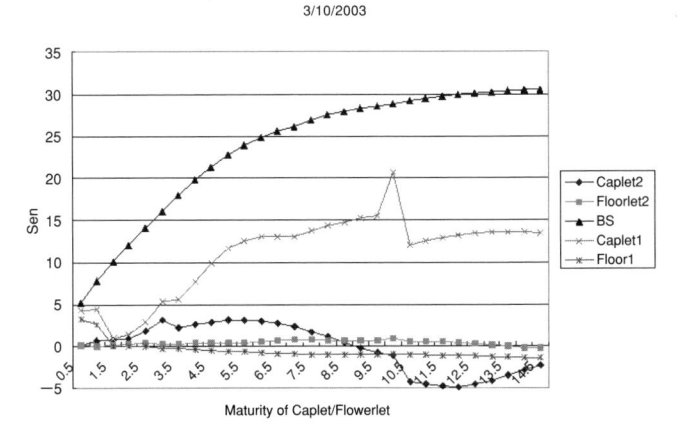

図 5.7 キャップレットとフロアレットの価格に現れる近似手法 (1), (2) の近似誤差 (第 1 回発行時点)

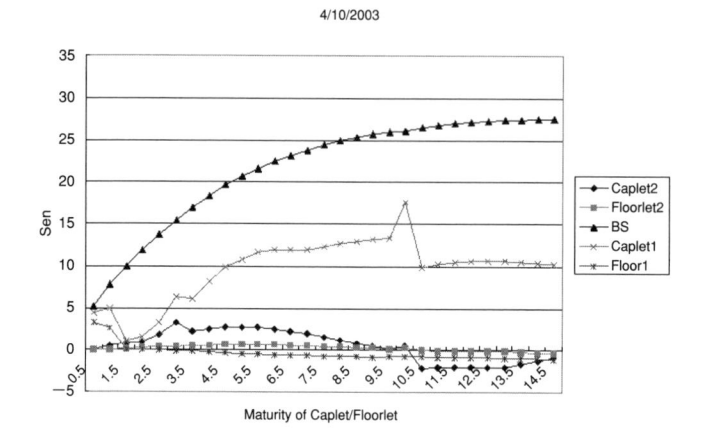

図 5.8 キャップレットとフロアレットの価格に現れる近似手法 (1), (2) の近似誤差 (第 2 回発行時点)

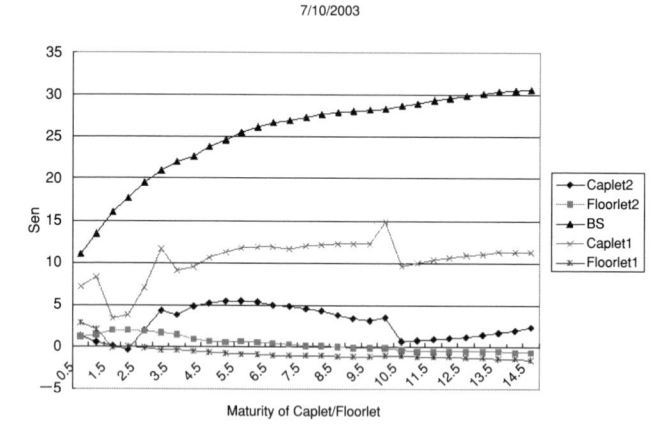

図 5.9 キャップレットとフロアレットの価格に現れる近似手法 (1), (2) の近似誤差 (第 3 回発行時点)

を, それぞれ図 5.7 から図 5.9 に示した. 各図における BS はアットザマネーのフロアレットやキャップレットのブラック・ショールズ公式による価格であり, 誤差の相対的な大きさを確認するための参考値として示した.

Caplet1 と Floorlet1 は, それぞれ, リスク中立ドリフトに近似手法 (1) を適用して求めたキャップレットとフロアレットの価格のブラック・ショールズ価格からの乖離を示したものである. Caplet2 と Floorlet2 は, それぞれ, リスク

中立ドリフトに近似手法 (2) を適用して求めた乖離を示したものである．

行使価格をアットザマネーとしているので，キャップレットとフロアレットは同じ値になるべきものであるが，近似手法 (1) を用いたものでは，いずれの時点においても，フロアレットの価格はブラック・ショールズ価格に概ね近いものの，キャップレットの価格がブラックショールズ価格よりもきわめて大きくなっている．キャップの単体であるキャップレットを評価する段階ですでにこのような大きな誤差が生じていては，法人向けや個人向け国債がキャップレットの総和であること，さらに，25年割引債をニューメレールとして採用した評価において25年後時点までの累積運用利回りが上振れしていることが考えられ，相応の精度で法人向けや個人向け国債を評価することはできない．

これに対して，近似手法 (2) を用いたものでは，いずれの時点においてもキャップレットの価格は5銭以下に収まっている．また，2003年7月10日を除くと，誤差の生じる方向も，必ずしもブラック・ショールズ価格よりも大きくなるわけではなく，オプションの満期が10年以下では大きくなるが，逆に10年超では小さくなっている．また，フロアレットに関しては，2003年7月10日においてオプション満期が3年以下において2銭程度の誤差が見られるものの，ほぼ完全にブラック・ショールズ公式価格に一致している．このため，近似手法 (2) を採用しておけば，相応の精度で法人向けや個人向け国債を評価することが可能である．

5.4.3 個人向け10年変動利付き国債のアナトミー

個人向け国債の価値がどのような要因によるものであるかを具体的に検討するために，第1回から第3回までの募集時点，2003年3月10日（第1回），2003年4月10日（第2回），2003年7月10日（第3回）において，(1) ブラック・ショールズ公式に基づく法人向け15年変動利付き国債の α 値とブラック・ショールズ価格，(2) 本モデルに基づく法人向け15年変動利付き国債の価格（α 値としては，(1) で導出したものを利用），(3) 本モデルに基づくフロア0%の10年変動利付き国債の価格（α 値としては，(1) で導出したものを利用），(4) 本モデルに基づくフロア0.05%の10年変動利付き国債の価格（α 値としては，(1) で導出したものを利用），(5) 本モデルに基づく個人向け国債の価格（α 値と

しては，(1) で導出したものを利用)，(6) 本モデルに基づく個人向け国債の価格（α 値としては，現実の個人向け国債と同じ 80 BP を利用）を求め，表 5.1 にまとめた．いずれも価格は，額面 100 に対して表示されている．

(1) の α は，BP で表示されている．この値は，1 BP 単位で決定されるために，厳密にブラック・ショールズ公式に基づく法人向け 15 年変動利付き国債の価格を 100 に合わせて求めることができないため，法人向け 15 年変動利付き国債のブラック・ショールズ価格も示した．結果としては，銭単位まで表示した場合に，2003 年 4 月 10 日（第 2 回）の募集のケースに関して 1 銭ずれるにとどまった．(2) の本モデルに基づく法人向け 15 年変動利付き国債の価格（α 値としては，(1) で導出したものを利用）を示す理由は，第 1 に，5.4.2 項において個別のキャップレットがブラック・ショールズ価格からどの程度乖離するかを示したが，キャップレットを合算したようなキャッシュフローとなる法人向け国債としてブラック・ショールズ価格からどの程度乖離するかを確認すること，第 2 は，個人向け国債の価格は本モデルを利用して求めるので，この価格を法人向け国債の価格と比較する場合には同じモデルを利用して求めた価格を用いないと，個人向け国債と法人向け国債との価格差がそれらの商品特性の相違によるものか評価モデルの相違によるものか区別できず，本来の目的である

表 5.1 第 1 回，第 2 回，第 3 回の発行時点における個人向け 10 年変動利付き国債の価値と法人向け 15 年変動利付き国債や他の仮想的な類似金融商品の価値

	(1) FRN15Y Alpha	(1) FRN15Y BS	(2) FRN15Y Model	(3) FRN10Y Model
3/10/2003	63	100.00	99.58	100.99
			−0.42	1.40
4/10/2003	54	99.99	99.96	101.05
			−0.03	1.09
7/10/2003	66	100	102.24	102.82
			2.24	0.57
	(4) FRN10Y+5BP Model	(5) Personal−Alpha Model	(6) Personal−80BPb Model	
3/10/2003	101.04	103.74	105.67	
	0.06	4.16	6.08	
4/10/2003	101.12	103.54	109.06	
	0.07	3.58	9.10	
7/10/2003	102.84	103.61	103.77	
	0.03	1.37	1.53	

価値の要因分析を的確に行うことができないからである．(3) の本モデルに基づくフロア 0% の 10 年変動利付き国債の価格（α 値としては，(1) で導出したものを利用）を示した理由は，価格に与える満期の長さの要因を調べるためである（法人向け国債の満期が 15 年であるのに対し，個人向け国債の満期は 10 年である）．(4) の本モデルに基づくフロア 0.05% の 10 年変動利付き国債の価格（α 値としては，(1) で導出したものを利用）を示す理由は，価格に与えるフロアの水準の要因を調べるためである（法人向け国債のフロアが 0% であるのに対し，個人向け国債のフロアは 0.05% である）．(5) の本モデルに基づく個人向け国債の価格（α 値としては，(1) で導出したものを利用）を示す理由は，法人向け国債の α 値が入札においてその時点における国債市場を反映して決定されるのに対し，個人向け国債では現状一律に 80 BP と設定されているために，この影響がどの程度であるかを確認するためである．

まず，表 5.1 から，法人向け国債の本モデルによる価格が，どの程度ブラック・ショールズ価格から乖離するかを確認する．2003 年 3 月 10 日，2003 年 4 月 10 日では，本モデルによる価格が，ブラック・ショールズ価格よりも，それぞれ 42 銭と 3 銭低いのに対し，2003 年 7 月 10 日では，逆に 2 円 24 銭も高い．現在の法人向け国債市場においては，50 銭程度であれば実務上誤差の範囲として認められるため，これらの時点に関しては本モデルを用いた評価の精度はかなり高いといえる．2003 年 7 月 10 日において，本モデルによる価格がブラック・ショールズ価格から大きく乖離したのは，5.4.2 項の図 5.9 において確認したように，近似手法 (2) を用いても 2003 年 7 月 10 日においては，本モデルによるキャップレット価格がいずれの満期においてもブラック・ショールズ価格よりも大きくなるためである．この時点に関しては，オプション満期までの期間を分割した上で近似手法 (2) を適用するなどのさらに精度の高い近似手法が必要である．

価格に与える満期の長さの要因を分析するために，(2) の価格と (3) の価格とを比較する．2003 年 3 月 10 日，2003 年 4 月 10 日，2003 年 7 月 10 日の 3 時点における (2) の価格と (3) の価格との価格差はそれぞれ，1 円 40 銭，1 円 9 銭，57 銭である．この価格差には，オプションの価格差もわずかではあるが含まれているため，利回り曲線の形状のみに基づく要因分析は必ずしも厳密であ

るとはいえないが，ここでは利回り曲線の形状に基づく要因分析を行う．(2) の価格は満期が 15 年であるため，そのキャッシュフローは，図 5.4 に示す 10 年から 25 年までの利回り曲線の形状に概ね依存するのに対して，(3) の価格は満期が 10 年であるため，そのキャッシュフローは，10 年から 20 年までの利回り曲線の形状に概ね依存する．よって，10 年超の割引債利回り曲線を 10 年から 20 年までと 20 年から 25 年までの 2 つの部分に分けて，どちらの部分の形状がよりスティープになったかを 2003 年 4 月 10 日の利回り曲線を基準にして確認する．2003 年 3 月 10 日の利回り曲線は，10 年から 20 年までの部分が基準時点の傾きよりも 10 BP スティープであるが，20 年から 25 年の部分の傾きは基準時点の傾きとほとんど変わらない．よって，満期 10 年の (3) の価格と満期 15 年の (2) の価格との価格差（1 円 40 銭）は，基準時点の価格差（1 円 9 銭）よりも高くなる．一方，2003 年 7 月 10 日の利回り曲線は，10 年から 20 年までの部分は基準時点の傾きとほとんど変わらないが，20 年から 25 年の部分の傾きは基準時点の傾きから 10 BP 程度スティープになっている．よって，満期 10 年の (3) の価格と満期 15 年の (2) の価格との価格差（57 銭）は，基準時点の価格差（1 円 9 銭）よりも低くなっている．

　価格に与えるフロアの水準の要因を分析するために，(3) の価格と (4) の価格とを比較する．(3) におけるフロアの水準が 0 BP であるのに対して，(4) におけるフロアの水準は 5 BP である．よって，このフロアがすべて効力を発するなら，価格差としては 50 銭の相違が生じることになる．2003 年 3 月 10 日，2003 年 4 月 10 日，2003 年 7 月 10 日の 3 時点における (3) の価格と (4) の価格との価格差は，それぞれ 6 銭，7 銭，3 銭である．これは，50 銭と比較するといずれも著しく小さく，いずれの時点においてもフロアオプションは，ファーアウトオブザマネーであることがわかる．より詳細に見ると，利回り水準が最も低かった 2003 年 4 月 10 日の価格差が 7 銭と最も高く，2003 年 4 月 10 日よりも少し利回り水準が高かった 2003 年 3 月 10 日においては，価格差は 6 銭とわずか 1 銭ではあるが小さくなっており，大幅に利回り水準が上昇した 2003 年 7 月 10 日では，価格差は 3 銭と，2003 年 4 月 10 日の価格差の半分以下にまで低下している．このことから，いずれもファーアウトオブザマネーのオプションではあるが，ファーの程度の違いが的確にオプション価格に反映されている．

次に，個人向け国債に組み込まれているアメリカンプットオプションに関する価値を詳細に分析する．まず，このアメリカンプットオプションの価値の源が累積再投資率であることを指摘しておく．価格が行使価格以下となる状況では，国債市場が大きく売られて利回りが高く，つまり，累積再投資率が高くなっている．このとき，プットオプションがなければ，国債を買い換えることによって高い累積再投資率を享受するためには下落した市場価格で売却しなければならないが，その売却価格が市場価格ではなく額面金額 100 に近い中途換金支払額であるために，プットオプションの価値が生じるのである．

個人向け国債に組み込まれているアメリカンプットオプションの価値を分析するために，表 5.1 に基づいて (4) の価格と (5) の価格との比較，また，(4) の価格と (6) の価格との比較を行う．前者の比較は α BP の水準を揃えた上での比較であり，後者の比較は個人向け国債の評価に関しては現実の α 水準となる 80 BP を採用した上での比較となる．2003 年 3 月 10 日，2003 年 4 月 10 日，2003 年 7 月 10 日の 3 時点における (4) の価格と (5) の価格との差は，それぞれ，2 円 70 銭，2 円 42 銭，77 銭となり，(4) の価格と (6) の価格との差は，それぞれ 4 円 63 銭，7 円 84 銭，83 銭となった．(5) の価格や (6) の価格が (4) の価格よりも大きいことは，(5) の価格や (6) の価格にはアメリカンオプションの価値が加わっていることから明らかである．しかし，(5) の価格と (6) の価格との関係は，一見したところ奇妙に見える．基準レートから差引く値である α BP が大きく (80 BP)，将来のクーポンが小さい方の価値 ((6) の価格) が，α BP が小さく (63 BP, 54 BP, 66 BP)，将来のクーポンが大きい方の価値 ((5) の価格) よりも高いことを意味しているからである．これは，個人向け国債に内在するアメリカンオプションのマネーネス (どの程度アットザマネーから乖離しているかを表す指標) と関係している．

この現象をより詳細に把握するために，α BP を 0 BP から 150 BP まで変化させた場合に，(2) 法人向け 15 年変動利付き国債，(3) フロア 0%の 10 年変動利付き国債，(4) 個人向け国債，の 3 つの商品の価格がどのように変化するかを，2003 年 3 月 10 日，2003 年 4 月 10 日，2003 年 7 月 10 日の 3 時点において，それぞれ図 5.10 から図 5.12 に示した．各図における α が 80 BP の価格が，まさに表 5.1 の (6) に示した個人向け国債の価格にほかならない．10 年変動利付き

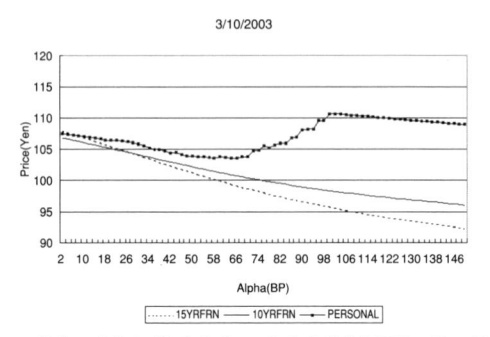

図 5.10　α に関する感応度 (個人向け 10 年変動利付き国債の第 1 回発行時点)

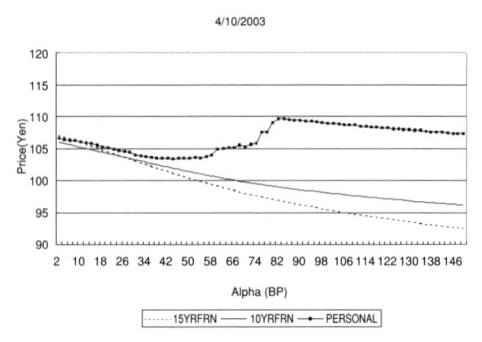

図 5.11　α に関する感応度 (個人向け 10 年変動利付き国債の第 2 回発行時点)

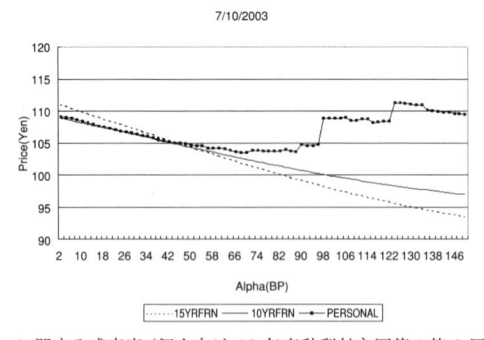

図 5.12　α に関する感応度 (個人向け 10 年変動利付き国債の第 3 回発行時点)

国債の価格と個人向け国債の価格に着目すると，いずれの図に関しても，水準に関して多少の差は見られるものの，形状に大差は見られない．α BP の水準が小さいエリアでは，両者の乖離はほとんど見られず，α BP の水準が上昇す

るに従って価格は緩やかに低下する．α BP の水準が中程度のエリアにおいては，10 年変動利付き国債の価格と個人向け国債の価格に乖離が生じてくる．前者の価格が，このエリアにおいても α BP の水準が上昇するに従って緩やかに低下を続けるのに対して，後者の価格は概ね一定の水準にとどまる．α BP の水準が比較的大きいエリアにおいては，10 年変動利付き国債の価格が，このエリアにおいても α BP の水準が上昇するに従って緩やかに低下を続けるのに対して，個人向け国債の価格は急に上昇する．さらに，α BP の水準がきわめて大きいエリアにおいては，10 年変動利付き国債の価格は，このエリアにおいても α BP の水準が上昇するに従って緩やかに低下を続け，個人向け国債の価格も緩やかな低下を示すようになる．

この理由は，次のように考えることができる．中途換金支払額は額面金額 100 から経過利息と直前 2 回の利子相当額を差引いた金額であるから，これは 100 円以下の値，つまり行使価格は 100 円以下の値となる．α BP の水準が小さいエリアでは，将来のクーポン収入による期待キャッシュフローが大きいために，アメリカンオプションの価値を除く価値は 100 円を大きく上回る．つまり，α BP が小さければ小さいほどアメリカンオプションのアウト幅が大きいこと，つまりその本源的価値はほとんどないことを意味する．よって，α BP の水準が小さいエリアでは，10 年変動利付き国債の価格と個人向け国債の価格に乖離はほとんど見られないことになる．α BP の水準が中程度のエリアにおいて個人向け国債の価格が概ね一定の水準にとどまるのは，α BP の増加に伴い将来の期待クーポン収入の低下から価格が低下する要因と，その価格の低下によるアメリカンオプションのアウト幅の改善がもたらすアメリカンプットオプションの価値の上昇要因が相殺されるからである．α BP の水準が比較的大きいエリアにおいて個人向け国債の価格が急に上昇するのは，このエリアでは 10 年変動利付き国債の価格が 100 円を下回るようになる，つまり，アメリカンプットオプションがアットザマネーからインザマネーとなり，その価値の増加要因が，α BP の増加に伴い将来の期待クーポン収入の低下から価格が低下する要因を大きく上回ることになるからである．α BP の水準がきわめて大きいエリアにおいては個人向け国債の価格も緩やかな低下を示す理由は，このエリアでは，すでにアメリカンオプションが行使される場合にはその時期が最も早い時期（発

行後1年経過時点）になっており，α BP の水準の増加はアメリカンオプションが行使されない場合の価格低下要因となるからである．

第5章のまとめと今後の課題

本章では，フォワードレート・マーケットモデルに基づいて個人向け10年変動利付き国債の持つ商品特性を把握することを目標とした．このため，個人向け国債を，法人向け国債を含む類似の性質を持つ仮想的ないくつかの商品と比較した．数値例によると，α BP の水準が小さいエリアでは，個人向け国債と他の類似商品との乖離はほとんど見られず，α BP が上昇するに従って価格は緩やかに低下する．α BP の水準が中程度のエリアにおいては，他の類似商品とは異なり，個人向け国債の価格は概ね一定の水準にとどまる．また，α BP の水準が比較的大きいエリアにおいては，他の類似商品の価格が低下する中で，個人向け国債の価格は急に上昇する．さらに，α BP の水準がきわめて大きいエリアにおいては，すべての商品の価格が緩やかに低下することがわかった．そしてその理由が，個人向け国債では，α の水準が大きくなる場合には，将来のキャッシュフローの減少とアメリカンプットオプションの価値（特にマネーネス）の増大とのトレードオフが働くためであるという興味深い知見も得られた．

今後の課題としては，主に次の2つが挙げられる．第1に，アメリカンプットオプションの評価の精度を高めること．第2に，ボラティリティのスマイルの影響も考慮に入れるため，スワップションの行使価格別の価格情報もモデルに組み込んでいく必要がある．

本章が実務家にとって個人向け10年変動利付き国債の性質を把握する上で何らかの参考になれば幸いである．本章の分析に関するより詳細な評価法に興味がある方は，テクニカル・レポート Miyazaki[9] をご参照いただきたい．

文　　献

1) 山下司, オプションプライシングの数理, 金融財政事情研究会, 2001.
2) Brotherton-Ratcliffe, R. and Iben, B., "Yield Curve Applications of Swap Products", R. Schwartz and C. Smith, *Advanced Strategies in Financial Risk Management*, New

York Institute of Finance, 1993.
3) Hull, J., *Options, Futures, & Other Derivatives* (4th ed.), Prentice-Hall International, 2000.
4) Nielsen, L. T., *Pricing and Hedging of Derivative Securities*, Oxford University Press, 1999.
5) Rebonato, R., *Modern Pricing of Interest-Rate Derivatives*, Princeton University Press, 2002.
6) Hull, J. and White, A., "The Essentials of LMM", *Risk Magazine* (December), 126–129, 2000.
7) Kloeden, P. E. and Platen, E., *Numerical Solutions of Stochastic Differential Equations*, Splinger-Verlag, 1992.
8) Hunter, C., Jaeckel, P. and Joshi, M., "Getting the Drift", *Risk Magazine* (July), 81–84, 2001.
9) Miyazaki K., "Anatomy of the Ten-Year Floating Rate JGB for Retail -An Approach Based on FRA Market Model-", *Bulletin of The University of Electro-Communications*, **18**(January), 13–38, 2006.
10) Black, F. and Scholes, M., "The Pricing of Options and Corporate Liabilities", *The Journal of Political Economy*, **81**, 637–654, 1973.
11) Brace, A., Gatarek, D. and Musiela, M., "The Market Model of Interest Rate Dynamics", *Mathematical Finance*, **7**, 127–154, 1997.
12) Glasserman, P., *Monte Carlo Methods in Financial Engineering*, Splinger-Verlag, Berlin, 2004.
13) Heath, D., Jarrow, R. and Morton, A., "Bond Pricing and the Term Structure of Interest Rates: A New Methodology for Contingent Claim Valuation", *Econometorica*, **60**, 77–105, 1992.
14) Jamshidian, F., "LIBOR and Swap Market Models and Measures", *Finance and Stochastic*, **1**(4), 293–330, 1997.
15) Miyazaki, K. and Yoshida, T., "Valuation Model of Yield-Spread Options in the HJM Framework", *J. Financial Engineering*, **7**, 89–107,1998.

────────────《お薦めの3冊》────────────

- 『証券分析への招待』，宮崎浩一著，サイエンティスト社，**2005**.
  本書は，高校で習う程度の数学を予備知識として，証券分析に関する基本を実務の観点から丁寧に解説したものであり，金融工学の最適な入門書である．本書の第3～4章，第8～9章を一通り学べば，本章を理解するために必要な基礎的概念を習得することができる．

- 『期間構造モデルと金利デリバティブ（シリーズ〈現代金融工学〉第3巻)』，木島正明著，朝倉書店，**1999**.

本章が採用する枠組みであるフォワードレート・マーケットモデルに関しては，本書の第7章でコンパクトに解説されている．本書はわずか180ページ程度であるが，金利デリバティブ評価において利用する期間構造モデルの大半が解説されている．

- **『オプションプライシングの数理』，山下司著，金融財政事情研究会，2001.**
基本的なエキゾチックオプションの評価法が，実務的な立場から網羅的に紹介されており，デリバティブを扱う実務家には必携である．本書の第5章には，特殊なフォワード取引とそのオプション評価式が取りまとめられており，本章では詳しく述べられなかった具体的な手法を補うことができる．

6

金融時系列データの分析

株や為替，金利などの金融時系列データは通常，非定常な単位根プロセスであることが多い．単位根を含んだデータを通常の回帰分析で解析すると，決定係数や t 値などの統計量が単純な分布に従わなくなるため，誤った検定結果を導く可能性がある．これを「見せかけの回帰」の問題という．金融時系列データを分析する方法として，非定常なデータをそのまま扱うことに適した非定常時系列モデルの利用が挙げられる．

6.1　は　じ　め　に

時間の経過に伴う変数の動きをモデル化して，変数の特徴を導き出すのが時系列分析である．こうした時系列データの代表的なものに，金融・経済データが挙げられる．時系列データには2通りのものがあり，1つは定常時系列，もう1つは非定常時系列である．前者は一定の値を規則的に変動し，後者は一定の値を不規則に変動する．図 6.1 に非定常時系列データである日経平均株価の月次データの推移を示した．データの非定常性を見出す方法に関しては後述するが，目視をしてもデータが一定の値を規則的に変動しているか否かは概ね判断することが可能である場合が多い．

株や為替，金利などの金融データは通常，単位根と呼ばれる非定常時系列であることが多い．本章では非定常時系列モデルを用いた金融データの分析を扱う[*1]．単位根を含んだ非定常な原データをそのまま分析することには，見せか

[*1] 非定常時系列分析を含んだテキストとして，刈屋ほか[1]，森棟[2]，Enders[3]，Hamilton[4] が利用

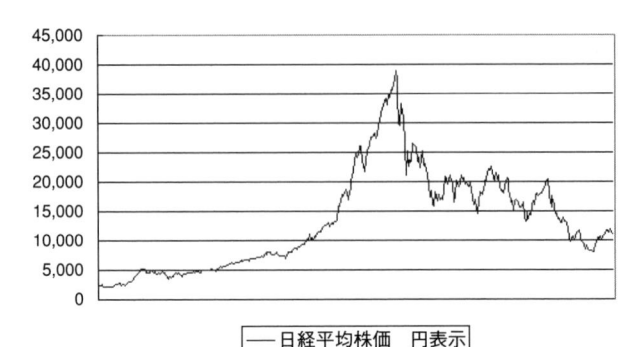

図 6.1 日経平均株価の推移（1970 年 1 月から 2004 年 9 月までの月次データ）

けの回帰が生じるなどの問題がある．金融データを分析する場合，まず，単位根を含んでいるかを単位根検定で調べる必要がある（図 6.2）．その結果，単位根が検出された場合，次の 2 通りの方法を取りうる．

第 1 に，データを対数に変換したり，差分をとったりして原データを定常化してから，回帰分析や VAR (Vector AutoRegression) モデルなどを利用する．第 2 に，単位根を含むデータをそのまま用いて，非定常時系列モデルを利用する．原データをそのまま利用した方がデータに含まれる情報が捨てられないとして，単位根を有するデータの分析では，可能な限り非定常時系列モデルを利用することが多い．

非定常時系列モデルの代表的なものは共和分検定である．カリフォルニア大

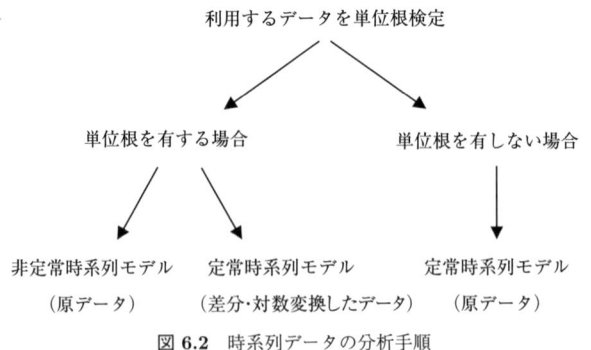

図 6.2 時系列データの分析手順

しやすい．また，Enders[5] には RATS 用のプログラムが多数引用されており，自習に適している．非定常時系列モデルを学ぶ前に時系列分析一般を学ぶ必要がある．時系列分析のテキストとして，山本[6] が優れており，定常時系列と単位根検定を扱う．

学サンディエゴ校の Engle（1999 年にニューヨーク大学に異動）と Granger が 1987 年の *Econometrica* 誌上で共和分の検定方法を示した．その後，共和分検定は経済学の実証分析を行う学者の間で頻繁に利用されるようになり，Engle と Granger は時系列分析手法を確立したとして，2003 年のノーベル経済学賞を受賞した[*2]．

本章では非定常時系列モデルの具体的な利用方法を示すために 7 つの事例を提供している．データの分析には米 Estima 社が提供する計量経済ソフトウェア RATS と CATS を利用した[*3]．RATS 以外でよく用いられている時系列分析のソフトウェアには，TSP，Eviews などが挙げられる．

本章の構成は以下の通りである．6.2 節では見せかけ回帰について説明して，6.3 節では単位根の検定方法を解説し，6.4 節では共和分の検定方法を説明する．6.5 節ではコモントレンドについて述べ，6.6 節では Granger 因果性について説明する．分析方法について詳細に述べることは不可能であるため．参考文献を多めに挙げて，読者の便宜を図った．

6.2　見せかけの回帰

一般に，変数間に存在する関係を分析するには変数相互の回帰分析が利用される．しかし，非定常な確率変数が含まれている場合には，決定係数や t 値などの統計量が単純な分布に従わなくなるため，通常の検定は誤った結果を導く可能性がある．Granger and Newbold[8] は，これを「見せかけの回帰」（spurious regression）の問題と呼んだ．

さらに，Phillips[9] は，非定常なデータ分析に関して，(1) 決定係数が変数間の関係を示す目安とはならないことがある，(2) ダービン・ワトソン比の低い推計式は見せかけの関係の可能性がある――の 2 点を指摘している．Nelson and

---

[*2]　マッケンジー[7] は単位根と共和分が経済実証分析で利用されている状況をサーベイしている．Engle は ARCH (AutoRegressive Conditional Heteroscedasticity) と呼ばれる不均一分散モデルの開発者としても著名である．

[*3]　RATS と CATS の内容については Estima 社のホームページ (http://www.estima.com) から情報を入手できる．また，同ホームページから分析のためのプログラムをダウンロードすることが可能である．

Plosser[10]は，米国の主要マクロ変数がトレンド回りに定常であるか，単位根を持つ非定常過程であるかを検定し，単位根の存在が棄却されないとの結果を示した．

経済・金融データを用いて回帰分析を実行すると，ダービン・ワトソン比が低いことが多く，見せかけの回帰が生じている疑いを排除できない．

事例 1　見せかけの回帰の疑いのある例

1990年2月から1999年9月までの5年物の名目金利 i_t と期待インフレ率 $E_t(\pi_{i+j})$ の関係に関して，(6.1)式を用いて最小二乗法で推計する[*4]．

$$i_t = \alpha + \beta E_t(\pi_{i+j}) + u_t. \tag{6.1}$$

データ（図 6.3）を見る限り，2つの変数は非定常な時系列である可能性が高い．

結果（表 6.1）を見ると，決定係数は高く，係数の有意性はそれぞれ 1%水準で有意性が確認できる．しかし，ダービン・ワトソン比が低く，見せかけの回帰が生じている可能性を否定できない．

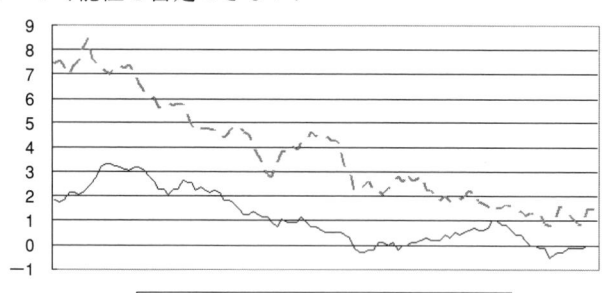

図 6.3 データの推移（1990年2月から1999年9月までの月次データ）

表 6.1 最小二乗法の結果

変数名	係数	標準誤差	t 値
定数項	1.8813	0.1039	18.1069***
期待インフレ率	1.7382	0.072	24.114***
決定係数	0.949		
ダービン・ワトソン比	0.144		

***は 1%水準で有意であることを示す．

[*4] このデータは伊藤[24]で用いたものである．

6.3 単 位 根 検 定

以下に3通りの単位根検定方法[*5)]を示す．実証分析を行う場合，2通りの検定方法で分析対象の変数に関する単位根検定を行い，結果の頑健性を確保する．その際，ADF 検定と KPSS 検定を実行することが多い．

6.3.1 DF (Dickey/Fuller) 検定と ADF (Augmented Dickey/Fuller) 検定

Fuller [13)] や Dickey and Fuller [14, 15)]，による初期の単位根検定の研究では，時系列が (6.1) 式のように1次の自己回帰モデル AR(1) に従っている単純な場合を考えており，これをベースにした単位根検定方法を DF 検定と呼んでいる[*6)]．

$$y_t = \theta y_{t-1} + u_t. \tag{6.2}$$

しかし，現実のデータを AR(1) で推計した場合，誤差項に強い正の相関が残る場合が多く，u_t に関する独立性の仮定を満たしていない．また，1次の自己回帰モデルで説明できる場合は比較的まれであるため，一般的な p 次のモデルに対応するよう拡張が必要である．これを Augmented Dickey/Fuller 検定という．自己回帰モデルに定数項やトレンド項が入った場合も同じように検定でき，DF 検定と同様に簡単に検定できるため一般的に利用される．

ADF 検定のラグの決定方法に関しては，AIC, SBC が代表的である．Pantula ら[16)] がシミュレーションに基づき AIC プラス2基準を提案している．ADF 検定の帰無仮説は「単位根が存在する」，対立仮説は「単位根が存在しない」である．5%棄却値は Fuller [13)]，山本[6)] が提供する表を利用する．

事例2　ADF 検定

期待インフレ率と5年物金利のそれぞれに関して ADF 検定を行った．ラグの決定には AIC を用いた．データは事例1で用いたものである．

表 6.2 の結果を見ると，期待インフレ率と5年物金利はそれぞれ ADF 検定

[*5)] DF 検定, ADF 検定, PP 検定に関しては，副島[12)] を参照した．この論文は単位根の理論的構築と日本経済のマクロデータを用いた実証分析をわかりやすく提供している．
[*6)] AR は AutoRegressive の略で，自己回帰過程を意味する．

表 6.2 ADF 検定の結果

変数名	ラグ数	トレンドなし	トレンドあり
期待インフレ率	12	−1.7326	−1.0632
5 年物金利	12	−1.123	−2.6643

5%棄却値はトレンドなしが −2.8897,トレンドありが −3.4539.

で「単位根を有する」との帰無仮説を棄却できない[*7]．このため 2 つの変数は単位根を有すると判断できる．

6.3.2 PP (Phillips/Perron) 検定

一方,Phillips [18] や Phillips and Perron [19] は別のアプローチによって解決を図った．ADF 検定では,誤差項が独立かつ同一の分布をとるという強い仮定を用いているが,Phillips らは分散の不均一性や時間への依存性を認めるよう仮定を一般化した方法を考案した．

ADF 検定のように真のモデルを得るためにラグ項を多く用いる必要がない利点を持っている．ここでは,t 値が標本分布の導出にあたって誤差項の自己相関の影響分を修正する手法をとっている．ただし,漸近分布を利用しているため,サンプル数が少ないときは検出力が落ちる難点を持つ．

PP 検定の帰無仮説は「単位根が存在する」,対立仮説は「単位根が存在しない」である．5%棄却値は Fuller [13],山本 [6] にあるものを利用する．

6.3.3 KPSS (Kwitakowski/Phillips/Schmidt/Shin) 検定

ADF 検定は,帰無仮説を「単位根が存在する」,対立仮説を「単位根が存在せず定常である」とするが,Kwiatkowski ら [20] によれば,KPSS 検定[*8]は,帰無仮説を「単位根が存在せず定常である」,対立仮説を「単位根が存在する」とする．

事例 3　KPSS 検定

期待インフレ率と 5 年物金利のそれぞれに関して KPSS 検定を行った．ADF 検定の場合には AIC などで最適ラグ数を決めるが,KPSS 検定の場合は何通りかのラグを用いて検定統計量を算出する．データは事例 1 で用いたものである．

[*7] 詳細は伊藤 [11, 17] を参照．
[*8] KPSS 検定については釜江 [21] がわかりやすい．また,この本は時系列モデルを用いた実証分析の書としても優れている．

表 6.3 KPSS 検定の結果

変数名	ラグ数	レベル定常性	トレンド定常性
期待インフレ率	4	1.9055**	2.2430**
期待インフレ率	12	0.7937**	0.9436**
5 年物金利	4	2.2430**	0.9436**
5 年物金利	12	0.9436**	0.1785**

**は 5%水準で有意であることを示す.
5%棄却値はレベル定常性が 0.463, トレンド定常性が 0.146.

表 6.3 の分析結果を見ると, 「単位根検定が存在せず定常である」という帰無仮説を棄却することができる. このため 2 つの変数は単位根を有すると判断できる.

6.4 共和分検定

共和分の検定方法には代表的なものが 2 通りある. その 1 つは Engle and Granger[22], もう 1 つは Johansen[23] である[*9].

共和分などの非定常時系列モデルを利用する場合, 原データが単位根を有することを確認した後に, 一次差分を取ったデータを単位根検定して, 単位根がないことを確認する必要がある. 詳しい結果は省くが, 期待インフレと 5 年物金利の一次差分を取ったデータは ADF 検定と KPSS 検定で単位根を有しないと判断できた. この場合、2 つの変数をそれぞれ $I(1)$ と呼ぶ. $I(1)$ とは一次差分を取って, データが定常になったという意味である.

6.4.1 Engle/Granger による方法

Engle and Granger[22] は, 2 つの変数が共和分の関係にあるかどうかを調べるために, 以下の方法を提案している. まず, 変数 x_t, y_t に関して下記の回帰を行う.

$$y_t = \beta_0 + \beta_1 x_t + u_t. \tag{6.3}$$

そして, 推定された残差 $\hat{u}_t$

[*9] 日本のデータを用いた共和分の実証分析については飯塚[24], 石田・白川[25], 副島[12], 本多[27], 吉田[28] がわかりやすい.

$$\hat{u}_t = y_t - \hat{\beta}_0 - \hat{\beta}_1 x_t \tag{6.4}$$

が単位根を有するか否かに関する検定を行う．

$$\Delta \hat{u}_t = \alpha_0 \hat{u}_{t-1} + \sum_i \alpha_i \Delta \hat{u}_{t-1} + u_t. \tag{6.5}$$

ここでの帰無仮説は「推定された残差は単位根を有し共和分が存在しない」であり，推定された検定統計量とシミュレーションによって得られた棄却値と比較することにより検定を行う．棄却値は，Engle and Yoo [29]，MacKinnon [30] などが提供している．

事例 4　Engle/Granger の共和分検定

5年物利子率 i_t と期待インフレ率 $E_t(\pi_{t+j})$ の関係を (6.6) 式のように表現して，共和分検定を行う．データは事例1で用いたものである．

$$i_t = \alpha + \beta E_t(\pi_{t+j}) + u_t. \tag{6.6}$$

(6.6) 式を最小二乗法で推計し，その残差に単位根が含まれているか否かを検定で確認する．棄却値は MacKinnon [30] のものを利用する．

分析結果（表6.4）を見ると，「推定された残差は単位根を有し共和分が存在しない」との帰無仮説を棄却できるため，5年物金利と期待インフレ率の線形結合は定常といえる．その結果，5年物金利と期待インフレ率は長期的には相互に大きく乖離することなく変動すると判断できる[*10]．

表 6.4　Engle/Granger 共和分検定の結果

変数名	検定統計量
5年物金利と期待インフレ率	-3.2200^*

*は 10%水準で有意であることを示す．
10%棄却値は -3.0462．

事例 5　共和分ベクトルの検定

(6.6) 式の $\beta=1$ を検定する．事例4では期待インフレ率と5年物金利は共和分の関係にあるため，$\beta=1$ を確認できれば，フィッシャー仮説が成立していると主張することができる[*11]．

[*10] 詳細は伊藤 [11, 17] を参照．
[*11] Fisher [31] は期待インフレ率の変化は名目利子率に反映され，他の条件が等しければ，実質利子率は一定であると主張した．この期待インフレ率と名目利子率との関係はフィッシャー仮説と呼ば

6.4 共和分検定

表 6.5 共和分ベクトルの検定結果

β	修正後 SE	修正後 t 値
1.6553	0.4575	1.4323**

**は 5%棄却値 (1.96) より小で, $\beta=1$ を棄却しない.

実際には Stock and Watson[32]の Dynamic OLS を用いる. $\Delta E_{t-i}(\pi_{t+j-i})$ は期待インフレ率の階差のリード項とラグ項である[*12].

$$i_t = \alpha + \beta E_t(\pi_{i+j}) + \sum_{i=-p}^{p} b_i \Delta E_{t-i}(\pi_{t+j-i}) + u_t. \tag{6.7}$$

結果（表 6.5）を見ると $\beta=1$ を棄却できないため，期待インフレ率が 5 年物金利に与える影響は 1 であるといえる．事例 4 と事例 5 の結果から，日本の 1990 年代において，期待インフレ率と 5 年物金利との間にはフィッシャー仮説が成立している．

6.4.2 Johansen による方法

3 変量以上の VAR モデルから出発して共和分を考える際の最大の難関は，共和分の個数をいかに決定するかである．3 変量のモデルであれば，独立の共和分の数は 1 かもしれないし 2 かもしれない．Engle/Granger の方法ではこの問題点に対応できないが，Johansen[23]の尤度比検定[*13]によれば，共和分の関係がいくつであるかを検定で決め，同時に未知パラメータの最尤推定量を求めることができる．以下では，この Johansen の尤度比検定の概略を述べる．

まず，p 変量のベクトル X_t に対して，次のような k 次のラグ項を持つ VAR モデルについて想定する．

$$X_t = \Pi_1 X_{t-1} + \cdots + \Pi_k X_{t-k} + \lambda + u_t. \tag{6.8}$$

ここで，X_t の p 個の要素すべてが $I(1)$ 変数とする．また，u_t は平均 0, 分散 Λ の独立同一分布に従う誤差項であり，さらに λ は定数項である．上式を以

[*12] 期間のリード項とラグ項も検証したが，結果は 8 期間を利用したものと同様となった．RATS のプロシージャー SWDYNAMIC.PRG を用いた実証分析は Hirayama and Kasuya[33]が参考になる．

[*13] 川崎[34]を参考にした．

下のように階差表現する．

$$\Delta X_t = \Gamma_1 \Delta X_{t-1} + \cdots + \Gamma_{k-1}\Delta X_{t-k+1} + \Pi \Delta X_{t-k} + \lambda + u_t. \qquad (6.9)$$

ここで，

$$\begin{aligned}\Gamma_I &= -I + \Pi_1 + \cdots + \Pi_i \quad (i=1,\ldots,k-1)\\ \Pi &= -I + \Pi_1 + \cdots + \Pi_k\end{aligned}$$

である．X_t のすべての要素が $I(1)$ 変数であるという仮定のもとでは，(6.9) 式の ΠX_{t-1} は $I(0)$ となる必要がある．このことは行列 Π のランクが

$$0 \leq \mathrm{rank}(\Pi) < p$$

を満たすことと同値である．ここで，X_t の要素が共和分の関係にある場合には，

$$0 < \mathrm{rank}(\Pi) < p$$

となり，行列 Π は PX_r （r は $\mathrm{rank}(\Pi)$）の行列の α と β を用いて

$$\Pi = \alpha\beta$$

という表現が可能となることに Johansen は注目した．これを用いると最終的に (6.9) 式は

$$\Delta X_t = \Gamma_1 \Delta X_{t-1} \cdots + \Gamma_{t-k}\Delta X_{t-k+1} + \alpha\beta\Delta X_{t-k} + \lambda + u_t \qquad (6.10)$$

と書き直される．ここで β は共和分ベクトルを表しており，βX_{t-k} は誤差修正項であり，$I(0)$ を満たす．Johansen の尤度比検定では，(6.10) 式のように ECM 表現された VAR モデルに対して，共和分が r 個存在する（行列のランクは r）という帰無仮説のもとで推定されたモデルの尤度と対立仮説のもとでのモデルの尤度との比によって，逐次的に r が検定される．この際の対立仮説には，
1) 共和分の数を考慮しない（$\mathrm{rank}(\Pi) \leq p$）タイプ（トレース検定）
2) モデルの冗長性を問うために共和分の数を 1 つ増やした（$\mathrm{rank}(\Pi) \leq r+1$）タイプ（最大固有値検定）

の 2 種類がある．検定を行う際には，シミュレーションによって求められた

6.5 コモントレンド

表 6.6 Johansen の共和分検定結果

帰無仮説	対立仮説	検定統計量	5%棄却値	1%棄却値
$r = 0$	$r = 1$	3142.72**	666.8	689.8
$r \leq 1$	$r = 2$	2662.15**	601.1	623.1
$r \leq 2$	$r = 3$	2285.48**	538.9	559.7
$r \leq 3$	$r = 4$	1946.06**	480.1	499.7
$r \leq 4$	$r = 5$	1646.06**	424.6	443.1
$r \leq 5$	$r = 6$	1386.19**	372.6	389.9
$r \leq 6$	$r = 7$	1130.57**	323.6	339.7
$r \leq 7$	$r = 8$	901.58**	276.4	293.4
$r \leq 8$	$r = 9$	721.55**	236.6	250.4
$r \leq 9$	$r = 10$	556.78**	198.0	210.6
$r \leq 10$	$r = 11$	404.76**	162.8	172.3
$r \leq 11$	$r = 12$	295.96**	131.1	141.4
$r \leq 12$	$r = 13$	207.69**	103.1	112.7
$r \leq 13$	$r = 14$	139.94**	78.1	86.6
$r \leq 14$	$r = 15$	80.28**	57.2	63.9
$r \leq 15$	$r = 16$	48.49**	38.6	44.5
$r \leq 16$	$r = 17$	20.76	23.8	28.5
$r \leq 17$	$r = 18$	7.74	12.0	15.6
$r \leq 18$	$r = 19$	2.19	4.2	5.2

**1%水準で有意であることを示す．

分布表を利用する．その代表的なものが Osterwald-Lenum [35]，Johansen and Juselius [36] である．

また，Zhang [37] は Johansen [23] によるシミュレーション方法を用いて，19 個のデータに対応できるようにトレース検定用の分布表を提供している．

事例 6　Johansen の共和分検定

1993 年 3 月から 1999 年 3 月までの 19 種類（無担保コール翌日物から金利スワップ 10 年物）の日本円金利期間構造のデータを分析した．トレース検定を行い，検定のために Zhang [37] による方法を利用した[*14]．

分析結果（表 6.6）を見ると、共和分ベクトルの数は 16，コモントレンドの数は 3 との結果を得た．3 つのコモントレンドで日本円の翌日物から 10 年物のイールドカーブは変動している．

6.5　コモントレンド

Stock and Watson [32] は，ドリフト項ありとなしの多変量時系列モデルを用

[*14] 詳細は伊藤 [17, 38] を参照．

いてコモントレンドを検出するための検定をして，共和分の関係にある多変量時系列は少なくとも1つのコモントレンドを有するとの結論を得ている．双方の検定は時系列を1次のラグへ回帰することで得られた最小二乗係数行列の根を含み，検定の棄却値が計算され，検出力がモンテカルロ・シミュレーションで調べられた．

n 変量時系列のそれぞれが1次の和分過程であれば，k 個の共和分ベクトルと $n-k$ 個のコモントレンドからなる．彼らはフェデラル・ファンドレート，90日物米短期国債，1年物米短期国債のデータ（1960年1月から1979年8月の月次ベース）を用いて，共和分ベクトルは2，コモントレンドは1という実証結果を導いている．事例6の結果が日本円の金利期間構造におけるコモントレンドの数を導いている．

6.6　Granger 因果性の検定

Granger 因果性の検定とは，変数 x と y の間で，x が y を説明するのか，y が x を説明するのか，あるいは相互に説明し合っているのかを知るための検定である[*15]．x と y が定常性を持つ時系列変数であるとき，以下の方程式 (6.11) と (6.12) を最小二乗法で推計して，誤差の二乗和を求めて F 検定を行う．その結果，(6.11) 式の帰無仮説 H_0 が棄却されれば，y の過去の動きが x を説明していることになる．同じく，F 検定を用いて (6.12) 式の帰無仮説 H_0 が棄却されれば，x の過去の動きが y を説明していることになる．

$$x_t = \kappa_0 + \sum_{i=1}^{p} \alpha_i x_{t-i} + \sum_{i=1}^{p} \beta_i y_{t-i} + u_t \tag{6.11}$$
$$H_0 : \beta_1 = \beta_2 = \cdots = \beta_p = 0$$
$$H_1 : \text{いずれかの} \beta_i \neq 0 \ (i=1,2,\ldots,p)$$

$$y_t = \zeta_0 + \sum_{i=1}^{p} \gamma_i x_{t-i} + \sum_{i=1}^{p} \delta_i y_{t-i} + \nu_t \tag{6.12}$$
$$H_0 : \gamma_1 = \gamma_2 = \cdots = \gamma_p = 0$$
$$H_1 : \text{いずれかの} \gamma_i \neq 0 \ (i=1,2,\ldots,p)$$

[*15] Granger 因果性全般については，翁[39]，折谷[40]，Granger[41, 42] を参考にした．

表 6.7 Granger 因果性の検定結果

無担保コール翌日物とその他の金利に関する F 統計量			
無担保コール翌日物の他の金利に対する因果性		他の金利の無担保コール翌日物に対する因果性	
LIBOR1M	43.5812**	LIBOR1M	1.7510
LIBOR2M	44.2597**	LIBOR2M	0.6905
LIBOR3M	34.4583**	LIBOR3M	0.3504
LIBOR4M	27.9616**	LIBOR4M	1.1915
LIBOR5M	25.2642**	LIBOR5M	2.0007
LIBOR6M	18.0453**	LIBOR6M	0.2721
LIBOR7M	16.6261**	LIBOR7M	0.3208
LIBOR8M	15.5283**	LIBOR8M	0.2537
LIBOR9M	11.9445**	LIBOR9M	2.4076
LIBOR10M	13.2363**	LIBOR10M	0.4635
LIBOR11M	10.4806**	LIBOR11M	2.2146
LIBOR12M	9.5269**	LIBOR12M	2.6391
SWAP2Y	4.1209**	SWAP2Y	1.2059
SWAP3Y	3.0043	SWAP3Y	0.4027
SWAP4Y	2.5349	SWAP4Y	0.2143
SWAP5Y	2.2718	SWAP5Y	0.1222
SWAP7Y	1.3617	SWAP7Y	0.3223
SWAP10Y	1.4760	SWAP10Y	0.6813

**は 1%水準で有意であることを示す.

通常の時系列分析では，非定常性の問題を回避するために，変化率に転換したデータを用いて Granger 因果性の検定が行われる．しかし，変数間に共和分の関係がある場合には，変化率を用いた検定は定式化に誤りがあることが指摘されている．Toda and Yamamoto[43] は，単位根を持つかもしれない VAR における Granger 因果性の検定方法を開発した[*16]．

彼らによれば，y から x，x から y への影響について，帰無仮説 H_0 がそれぞれ検定される．ただし，x と y について，本来のラグ期 p にもう 1 つのラグ項を加えた $p+1$ をとり，トレンド項 t を加えて推計する．

$$x_t = \kappa_0 + \lambda t + \sum_{i=1}^{p+1} \alpha_i x_{t-i} + \sum_{i=1}^{p+1} \beta_i y_{t-i} + u_t \qquad (6.13)$$
$$H_0 : \beta_1 = \beta_2 = \cdots = \beta_p = 0$$
$$H_1 : いずれかの \beta_i \neq 0 \ (i = 1, 2, \ldots, p)$$
$$y_t = \zeta_0 + \eta t + \sum_{i=1}^{p+1} \gamma_i x_{t-i} + \sum_{i=1}^{p+1} \delta_i y_{t-i} + \nu_t \qquad (6.14)$$
$$H_0 : \gamma_1 = \gamma_2 = \ldots = \gamma_p = 0$$

[*16] 河合[44] が具体的な利用方法を提供している．

$$H_1: いずれかの\gamma_i \neq 0 \ (i=1,2,\ldots,p)$$

(6.13) 式と (6.14) 式を最小二乗法で推計して，誤差の二乗和を求めて F 検定を行う．その結果，(6.13) 式の帰無仮説 H_0 が棄却されれば，y の過去の動きが x を説明していることになる．同じく，F 検定を用いて (6.14) 式の帰無仮説 H_0 が棄却されれば，x の過去の動きが y を説明していることになる．

事例 7　Toda and Yamamoto の方法による Granger 因果性検定

無担保コールレート翌日物金利と市場金利（1ヵ月物から 10 年物の 18 種類）の間で，後者が前者の過去の値によってどの程度説明されるか，前者が後者の過去の値によってどの程度説明されるのか，相互の影響を検定した[*17]．

分析結果から無担保コール翌日物は，1ヵ月から 2 年物の金利に影響を与えた．一方，1ヵ月から 10 年物の金利は，無担保コール翌日物には影響を与えなかったと判断できる．

文　献

1) 刈屋武昭，田中勝人，竹内啓，矢島美寛，経済時系列の統計，岩波書店，2003.
2) 森棟公夫，計量経済学，東洋経済新報社，1999.
3) Enders, W., *Applied Econometric Time Series*, John Wiley, 1995.
4) Hamilton, J. S., *Times Series Analysis*, Princeton University Press, 1994.
5) Enders, W., *Rats Handbook for Econometric Time Series*, John Wiley, 1996.
6) 山本拓，経済の時系列分析，創文社，1988.
7) マッケンジー・コリン，"時系列分析の経済実証研究への影響：単位根と共和分"，大山道広，西村和雄，林敏彦，吉川洋編，現代経済学の潮流 1997，東洋経済新報社，57-76，1997.
8) Granger, C. W. J. and Newbold P., "Spurious Regressions in Econometrics", *Journal of Econometrics*, **2**, 111–120, 1974.
9) Phillips, P. C. B., "Understanding Spurious Regressions in Econometrics", *Journal of Econometrics*, **33**, 311–340, 1986.
10) Nelson, C. R. and Plosser C. I., "Trends and Random Walks in Macroeconomic Time Series", *Journal of Monetary Economics*, **10**, 139–162, 1982.
11) 伊藤隆康，"日本におけるフィッシャー仮説の検証—金利の期間構造全体を利用して"，金融経済研究，**19**，1-14，2003.
12) 副島豊，"日本のマクロ変数の単位根検定"，金融研究，**13**(4)，97-129，1994.
13) Fuller, W. A., *Introduction to Statistical Time Series*, John Wiley, 1976.

[*17] 詳細は伊藤[11, 17] を参照．

14) Dickey, D. A. and Fuller, W., "Distribution of the Estimators for Autoregressive Time Series with a Unit Root", *Journal of the American Statistical Association*, **74**, 427–431, 1979.
15) Dickey, D. A. and Fuller, W., "Likelihood Ratio Statistics for Autoregressive Time Series with a Unit Root", *Econometrica*, **49**, 1057–1072, 1981.
16) Pantula, S. G, Gonzalez-Farias, G. and Fuller, W. A., "A Comparison of Unit-Root Test Criteria", *Journal of Business & Economic Statistics*, **12**, 449–459, 1994.
17) 伊藤隆康, 長期金利と中央銀行―日本における金利の期間構造分析, 日本評論社, 2005.
18) Phillips, P. C. B., "Time Series Regression with a Unit Root", *Econometrica*, **55**, 277–301, 1987.
19) Phillips, P. C. B. and Perron P., "Testing for a Unit Root in Time Series Regression", *Biometrica*, **75**(June), 335–46, 1988.
20) Kwiatkowski, D., Phillips, P. C. B., Schmidt, P. and Shin, Y., "Testing the Null Hypothesis of Stationarity against the Alternative of a Unit Root", *Journal of Econometrics*, **54**, 159–178, 1992.
21) 釜江廣志, 日本の証券・金融市場の効率性, 有斐閣, 1999.
22) Engle, R. F. and Granger, C. W. J., "Co-Integration and Error Correction: Representation, Estimation and Testing", *Econometrica*, **55**, 251–276, 1987.
23) Johansen, S., "Statistical Analysis of Cointegrated Vectors", *Journal of Economic Dynamics and Control*, **12**, 231–254, 1988.
24) 飯塚仁嗣, "株式・債券利回り間の共和分検定", 投資工学, 日興リサーチセンター(秋期号), 99–120, 1994.
25) 石田和彦, 白川浩道編, マネーサプライと経済活動, 東洋経済新報社, 1996.
26) 副島豊, "実質GDP, 通貨残高, 物価の長期関係―共和分検定の批判的再検討", 金融研究, **14**(4), 1–41, 1995.
27) 本多佑三編, 日本の景気, 有斐閣, 1995.
28) 吉田知生, "通貨需要関数の安定性をめぐって― ECM(Error Correction Model) による計測", 金融研究, **8**(3), 99–147, 1989.
29) Engle, R. F. and Yoo, B. S., "Forecasting and Testing in Co-Integrated Systems", *Journal of Econometrics*, **35**, 143–159, 1987.
30) MacKinnon, J., "Critical Values for Cointegration Tests", Engle, R. F. and Granger, C. W. J. (eds.) *Long-Run Economic Relationships: Readings in Cointegration*, Oxford University Press, 267–276, 1991.
31) Fisher, I., *The Theory of Interest*, Macmillan, 1930.
32) Stock, J.H. and Watson, M. W., "Testing for Common Trends", *Journal of the American Statistical Association*, **83**, 1097–1107, 1988.
33) Hirayama, K. and Kasuya, M., "Financial Deregulation and Divisia Monetary Aggregates in Japan", Mullineux, A. (ed), *Financial Innovation, Banking and Monetary Aggregates*, Edward Elgar, 104–130, 1996.
34) 川崎能典, "Johansen の共和分検定について", 金融研究, 日本銀行金融研究所, **11**(2), 97–129, 1992.
35) Osterwald-Lenum, M., "A Note with Quantiles of the Asymptotic Distribution of the

Maximum Likelihood Cointegration Rank Test S tatistics", *Oxford Bulletin of Economics and Statistics*, **54**, 169–210, 1992.
36) Johansen, S. and Juselius, K., "Maximum Likelihood Estimation and Inference on Cointegration-With Application to the Demand for Money", *Oxford Bulletin of Economics and Statistics*, **52**, 169–210, 1990.
37) Zhang, H., "Treasury Yield Curves and Cointegration", *Applied Econometrics*, **25**, 361–367, 1993.
38) 伊藤隆康, "金利の期間構造分析—日銀の金融政策の効果と限界", 現代ファイナンス, **7**, 75–90, 2000.
39) 翁邦雄, "Grangerの因果関係を用いた実証分析の再検討", 金融研究, **4**(4), 25–59, 1985.
40) 折谷吉治, "マネーサプライおよび財政支出と名目GNPの関係について—日本経済におけるマネタリスト仮説の検証", 金融研究資料, **1**, 37–48, 1979.
41) Granger, C. W. J., "Investigating Causal Relations by Econometric Models and Cross-Spectral Models", *Econometrica*, **37**, 424–438, 1969.
42) Granger, C. W. J., "Testing for Causality: A Personal Viewpoint", *Journal of Economic Dynamics and Control*, **2**, 329–352, 1980.
43) Toda, H. Y. and Yamamoto, T., "Statistical Inference in Vector Autoregressions with Possibly Integrated Processes", *Journal of Econometrics*, **66**, 225–250, 1995.
44) 河合正弘編, アジアの金融・資本市場, 日本経済新聞社, 1996.

―――――《お薦めの3冊》―――――

- 『計量経済学』, 森棟公夫著, 東洋経済新報社, **1999**.
  線形回帰分析といった計量経済学分析の標準から, 時系列分析の基礎を対象とする. 時系列分析に関しては, 定常時系列と非定常時系列について紹介している.

- 『経済の時系列分析』, 山本拓著, 創文社, **1988**.
  単位根検定と自己回帰和分移動平均 (ARIMA) モデルやベクトル自己回帰 (VAR) モデルなどの定常時系列分析を対象として, 時系列分析の基礎的な考え方を説明している.

- 『経済時系列の統計』, 刈屋武昭, 田中勝人, 竹内啓, 矢島美寛著, 岩波書店, **2003**.
  金融時系列分析に特化した専門書である. 共和分検定を中心とした非定常時系列分析に加えて, 自己回帰条件付分散不均一 (ARCH) モデルや長期記憶モデルなども紹介している.

7

会計基準の収れんは投資家にとって有益か

　本章では，グローバルなセッティングの中で，外国投資家が会計情報を国内投資家と同じやり方で解釈し，企業価値の評価を改訂しているのかどうかを，利益公表後の米国と東証外国部での株価形成によって検証する．この研究の主な発見は，外国投資家が国内投資家のそれとは異なるやり方で株式価格を形成していることである．この発見は国際的会計基準の収れんが有用であることを支持する．

7.1　　　　　　　　　は　じ　め　に

　本章では，グローバルなセッティングの中で，外国投資家が会計情報を国内投資家と同じやり方で解釈し，企業価値の評価を改訂しているのかどうかを，利益公表後の株価形成によって検証する．米国と東証外国部での株式取引情報を使用することによって，米国における利益公表後に東京の投資家（外国人）がつけた米国株の価格が，米国の投資家（国内投資家）と同じ方法で株価を決定しているかどうかを観察する[*1]．

　会計プロフェッションは，長い間にわたって財務諸表の国際的な比較可能性を追求してきた．1973年に設立された国際会計基準委員会(IASC)とその作業を2001年に継承した国際会計基準審議会(IASB)は，国際会計基準[*2]の制定作

本章は『証券アナリストジャーナル®』誌の許可を得て，同誌（2005年5月号）に掲載された同名論文を一部修正して転載するものである．

[*1] この研究のサンプル企業が東証外国部で上場されていた期間に，米国でNYSEかNASDAQのいずれかで上場されていたので，ここでは「米国」と「東京」を対照させる．

[*2] 本章では，国際会計基準(IAS)と国際財務報告基準(IFRS)の総称として「国際会計基準」を用

業を行ってきた．

　Speidell and Bavishi[1] は，異なる GAAP の存在が，投資家が企業の価値を正確に測定するのを妨げると主張するが，IASC も同様の主張を行っていた[2]．このような主張は，国際市場の投資家が会計基準の国際的な収れんから利益を得ると明示的に述べている．すなわち，国際投資家が外国の GAAP に基づいた会計情報を解釈することができないために不利益を被っている，と IASB は主張している．しかしながら，この主張の科学的な検証が行われた形跡はない．そこで，この研究は海外市場のクロス上場株式のミスプライス（と解釈されうる状況）の有無によって上記の主張が支持されるかどうかをテストする．外国投資家が国内投資家と同じ方法で会計情報に反応しない（異なる株式評価を行う）ことを観察できれば，国内投資家が有価証券に適切に値を付けることができるという仮定のもとで IASB の主張は支持される．なぜなら，市場間の価格の差が国際的に共通な会計基準の使用により解消されるのであれば，国際投資家にとってそれは有益であるからである．異なる会計基準の存在のもとで異なる価格決定が行われていることは，IASB による会計基準収れんの努力が有益であるための必要条件である．

　一方，市場の価格決定が使用される会計基準にかかわらず同じである場合には，会計基準を収れんさせることの実益の有無が問われなければならない．新しい会計情報を受け取った後に，外国投資家は国内投資家と同じ方法で有価証券に値を付けるかもしれない．その場合，国際会計基準の使用により外国投資家が特にメリットを受けることはないという可能性がある[*3]．

　本章は会計学研究にとって以下のインプリケーションを持つ．(1) この研究の結果は，国際的会計収れんの効果を直接的に評価する最初の実証的証拠を提供する．そして，(2) この研究は，従来見落とされてきたグローバルなセッティングにおいて会計情報の有用性を直接テストできる希有な機会を活用している．

　この研究の主な発見は，外国人投資家が国内投資家のそれとは異なるやり方で株式価格を形成しているということである．この研究のいっそうの精緻化は

　　いる．
[*3] この場合にも，国際会計基準は，証券監督者や会計プロフェッションなどにとってメリットがある可能性は残っている．

必要であるが，発見は IASC/IASB の主張する国際的会計収れんの努力が有用であるための必要条件が満たされているという証拠を提供する．方法論的に，この研究は，イベントのタイミングがグローバルなセッティングのイベントスタディにおいて非常に重要であることを示す．すなわち，イベントが市場の取引時間中に生じたか否かがイベントスタディからの推論に重要な影響を及ぼすであろうことが示される．

以下，本章は次のように構成される．7.2 節では先行研究を検討する．7.3 節では検証される仮説を展開する．7.4 節ではデータと研究方法について議論する．7.5 節では実証結果について述べる．7.6 節では実証結果の頑健性をチェックし，その後本章のまとめを行う．

7.2　先行研究

純利益を代表とする会計情報が有益であり，それが投資家による企業価値の推定に影響することは米国と日本市場の双方で繰り返し検証されてきた．Beaver[3] および Morse[4] は米国で，桜井・後藤[5] は日本でそのような証拠を報告している．情報の非対称性の仮定に基づいたこれらの観察結果についての分析的な説明は，Demski and Feltham[6] や McNichols and Trueman[7] などによって行われている．

しかしながら，個々のクロス上場されている証券について，グローバルな状況で会計情報がどのように投資家の意思決定に影響を与えているのかについての検証は，以下に挙げる 3 つの研究を除いてほとんど行われていない．それらは Meek[8]，Frost and Pownall[9]，および Etter[10] である[*4]．

Meek[8] は，米国で米国以外の企業が発表した（米国以外の GAAP に基づいた）利益に米国の市場がどのように反応するかを調べた．イベント周囲の異常収益の検証によって，彼は，US GAAP に基づいた利益発表に対する投資家の反応と，非 US GAAP に基づいた利益発表に対する投資家の反応の間に有意な相違はないと結論付けた．しかしながら，彼の発見は，彼のサンプル企業のお

[*4] ファイナンスの実証研究では，国際的な文脈において個々の有価証券についての検証を行っていない．ほとんどの研究はその代わりに市場指数を研究の対象としている．

よそ5分の4が米国での利益公表と同じ日に母国においても利益公表を行ったので，投資家は米国での利益公表に対して反応したのではなく，母国での利益公表に対する国内投資家の反応に対して米国の市場が反応した可能性を除外できなかった．時差のために，それらが同じ日に行われる限り，母国における利益公表は米国の公表に先行する[*5]．これは重大な問題である．すなわち，外国人投資家が国内投資家の行動（ここではプライシング）を観察することにより学習してもよいので，外国人投資家がどのように外国のGAAPに基づいた報告に反応するかをMeek[8]は検証し得ていない．また，ヨーロッパと米国の取引時間がオーバーラップしているので，米国の市場はヨーロッパの株式にとっての衛星市場とみなされるべきである．この場合，衛星市場の動的な特徴のために米国の投資家は，米国の株価の振る舞いを，必ずしもミスプライスとして解釈することができない[11]．

本章での分析は，後述するように東京で上場された米国株の株価データを使用することにより，本国（米国）の投資家が投資意思決定を行う前に外国（東京）の投資家が取引を行う状況，かつ2つの市場間の取引時間がオーバーラップしない状況を観察するので，上述したMeek[8]の2つの問題を克服している．

他方，Frost and Pownall[9]は，SmithKline Beecham（イギリスの製薬企業）のADR（米国預託証券）の事例研究を行った．彼女らは，イギリスのGAAPに基づいた利益公表の後，米国のADRの株価の動きが母国（イギリス）における株価の動きと著しく異なっていることを発見した．彼女らはこの発見を税法の違いや市場流動性の違いで説明しようとした．しかしながら，彼女らの研究は事例研究であり，外的妥当性は薄弱である．さらに，Meek[8]について指摘したものと同じ，イベントのタイミングにかかわる問題はここでもあてはまる．

Etter[10]も上記の2件の研究と同様に，米国市場を外国として扱った．しかしながら，彼は，海外市場の利益公表が国内市場に与える影響が研究デザイン上問題であるという意識を本章と共有する．彼は，VARモデルを使用し，米国市場における株式リターンから，母国市場における株式リターンとの影響を分離させることによってこの問題に対処した．彼は，米国の投資家が日本およびイギリスの企業による利益公表の情報を利用しているという結論を下した．し

[*5] 本研究の対象期間中にはレギュレーションFDは存在していなかった．

かしながら，米国の投資家が，母国（日本とイギリス）の投資家と同じ方法で有価証券に値を付けたかどうかは彼の研究からは明らかでない．

　本章は，2つの面で会計の研究方法の改善に寄与する．最初に，東証の株価を使用し，イベントとして米国における取引時間終了後の利益公表を使用することによって，本章では国内投資家の影響を除去することができた．これによって，本章では擬似実験に対する最大限のコントロールが可能となった．次に，株式リターンではなく，株価を使用することによって，利益研究で避けられない測定誤差の問題を回避した．

7.3　研　究　仮　説

　本章では，利益ではなく，株価がこの研究の中心であることを強調しなければならない．その理由は，筆者が知る限り，同一の有価証券が，(1) 異なる通貨建てで，(2) 複数の市場において異なる時間帯に取引される，という状況で適用可能な資産価格モデルが存在しないからである[*6]．したがって，本章では株式リターンを使用するために必要な「正常」リターンを推定することができない[*7]．その代わりに，本章では非常に素朴な仮定，すなわち「条件付き信念の全体的均質性」に依存する．これは，CAPMとAPTを含む資産評価モデルで使用される標準的な仮定である．この仮定のもとでは，投資家が同じ情報集合を共有する場合には，（異なる）市場の投資家は有価証券に均質的に値を付けなければならない[*8]．この仮定は，以下で議論される仮説をテストするために我々が株価を使用することを可能にする．

[*6]　これらのいずれか一方を勘案したモデルは存在する．例えば，Garbade and Silber [11] のモデルは衛星市場の存在に対処する（ただし，彼らのモデルでは取引時間帯は同時である）．その一方でSolnik [12] および Ikeda [13] は，外国為替相場変動のリスクを取り込んだ資産価格モデルを提示している．

[*7]　この問題は異なる市場間におけるリターンの相関を観察する既存のファイナンス文献の中でしばしば見落とされている．

[*8]　本章は，利益公表の翌日にニューヨークで「新しい」情報が公表されないことを仮定する．これは，イベントスタディの研究の中で用いられるものと同じ仮定である．利益に基づいたアナリストの推奨変更のようなニュースは，この研究においては「新しい」ものとして考慮されない，そういう「ニュース」は，全体として利益公表に対する市場の意思決定過程の一部である．Greene and Watts [14] を参照．

投資家が外国の GAAP に基づいた会計情報を解釈することができるように十分に洗練されていれば（いなければ），外国市場におけるクロス上場株式の価格は母国市場でのそれと同じ方法で決定されるだろう（されないだろう）．したがって，外為相場の変動を調節した後で，海外市場において観察される株価は利益公表の後の国内市場の株価と同じになるだろう（ならないだろう）．よって，次の帰無仮説がテストされる．

仮説：利益公表直後の海外市場におけるクロス上場株式のプライシングは，国内市場におけるプライシングと異ならない．

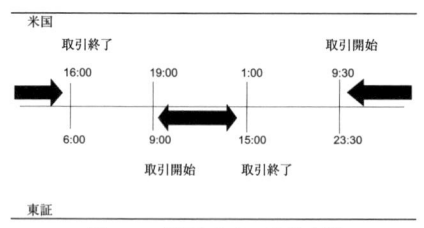

図 7.1 米国と東京の取引時間

上記の仮説をテストするために，本章では東京証券取引所にクロス上場された米国の企業の株価を使用する．米国と日本の時差のために（図 7.1 を参照），米国市場の終了の後にリリースされた（会計）情報は，東京の投資家によって最初に使用される[*9]．米国市場の取引終了後に公表された利益報告を使用するためには，米国の投資家は翌朝まで待たなければならない．したがって，東京市場の投資家は，同じ情報セットの下での米国市場における取引から学ぶことはできない．これは，海外市場として米国の市場を使用した過去の研究からの重要な相違であり，本研究の貢献の1つである．

7.4　データと研究方法

7.4.1　データ

本章の分析の対象は，1985 年と 1993 年の間のどこかの時点で東証の外国部

[*9] 本研究の対象期間において，東証に上場する米国企業は日本の GAAP による会計報告を行っていない．

でクロス上場された米国の企業の株式すべて（77銘柄）である[*10]．研究に含まれるためには，企業は，同じ時点において両方の市場からの株価データを持っていなければならない．株価情報は，東証外国部の株価は朝日新聞から採取し，米国の市場における株価は CRSP データベースを用いた．

外国為替相場は東京における電信仲値 (TTM) であり，朝日新聞から採取された．さらに，異なる外国為替相場によって検証結果が影響されないことを確認するために，ニューヨーク連邦準備銀行によって提供されるニューヨーク時間正午におけるニューヨーク市場の外国為替相場 (TTM) を使用した[*11]．研究の対象となるイベントは四半期の利益公表である．

本研究では，取引日を 3 つのサブサンプルに分割する．1 番目は利益公表がニューヨーク時間の午後 4 時，または午後 4 時以降に行われる場合である（今後「遅い公表」と呼ぶ）．2 番目は利益公表がニューヨーク時間の午後 4 時よりも前に行われる場合である（今後「早い公表」と呼ぶ）．前者がこの研究の主な関心の対象である．後者は東京の投資家がニューヨークの前日の取引から利益情報の市場への影響を学習することができる場合であるので，後者のグループはこの研究で比較対照群になる．3 番目は，利益公表のない取引日すべてを含んでいる．利益公表日およびそれらの発表時刻は Broad Tape のタイムスタンプによっており，そのデータは Dow Jones News Retrieval から得られた．

7.4.2 統計的検定

筆者は，より頑健な統計的推論を得るためにリサンプリング・テストを行った．具体的には Efron[15] に基づくブートストラップ法を使用した[*12]．この研究において分析対象となる変数の分布が未知であるので，リサンプリングの使用は適切である．本研究では東京での株価を米ドルに換算し，米国での株価との間の差異を計算したものを米国の株価によってデフレートした．その後，「遅い公表」の翌日の差異が他のサブサンプルの差異と同様に分布しているかどうかをテストした．差異の平均誤差および平均標準偏差の両方は，3 つのサブサ

[*10] 1985 年以前および 1993 年以降の期間において東証外国部の取引は非常に閑散としており，研究に必要な株価データが存在しない（= 取引なし）ケースが非常に多い．
[*11] 2 つの為替相場間の相関はサンプル期間において 0.9998 だった．
[*12] Marais[7] は会計学の研究にブートストラップ法を用いた例である．

ンプル間で比較された．平均誤差は，東京市場の価格が米国市場の価格に対して持つバイアスを測定する．また，平均標準偏差は東京市場の株価が米国市場の株価（＝ベンチマーク）からどれだけ乖離しているかを測定する．後者が東京の投資家が米国の GAAP に基づいた利益公表を評価・解釈する際の困難さを測定するので，平均標準偏差の分布がこの研究の主な中心である．大きな標準偏差は外国投資家が有価証券に値を付けるのに苦労した証拠として解釈される．

7.5 　実　証　結　果

表 7.1 および図 7.2 は，差異とその平均誤差の分析結果を示す．

表 7.1 のパネル A はそれぞれの変数の（リサンプリングによらない，パラメトリックな）平均を示す．括弧内はそのパラメトリックな標準偏差である．そこでは，「遅い公表」における株価の差異の絶対値が他の 2 つのサブサンプルよ

表 7.1 利益公表翌日の株価差異の平均と標準偏差（s.e. は標準誤差）

パネル A：株価差異（東京株価 − 米国株価）

1. 換算レート ＝ 東京 TTM

サブサンプル	平均（ドル）	(s.e.)	平均（株価デフレート後）	(s.e.)
「遅い公表」	−0.4794	(0.2017)	−0.0080	(0.0036)
「早い公表」	−0.1745	(0.0370)	−0.0031	(0.0008)
「その他」	−0.1472	(0.0038)	−0.0027	(0.0001)

2. 換算レート ＝ ニューヨーク TTM

サブサンプル	平均（ドル）	(s.e.)	平均（株価デフレート後）	(s.e.)
「遅い公表」	−0.4845	(0.2066)	−0.0084	(0.0037)
「早い公表」	−0.1692	(0.0395)	−0.0030	(0.0008)
「その他」	−0.1567	(0.0039)	−0.0029	(0.0001)

パネル B：株価差異の標準偏差

1. 換算レート ＝ 東京 TTM

サブサンプル	標準偏差（ドル）	(s.e.)	標準偏差（株価デフレート後）	(s.e.)
「遅い公表」	2.0412	(0.2487)	0.0376	(0.0037)
「早い公表」	1.2325	(0.0542)	0.0262	(0.0011)
「その他」	1.0817	(0.0191)	0.0231	(0.0003)

2. 換算レート ＝ ニューヨーク TTM

サブサンプル	標準偏差（ドル）	(s.e.)	標準偏差（株価デフレート後）	(s.e.)
「遅い公表」	2.0847	(0.2595)	0.0381	(0.0037)
「早い公表」	1.3088	(0.0584)	0.0269	(0.0011)
「その他」	1.1170	(0.0185)	0.0236	(0.0003)

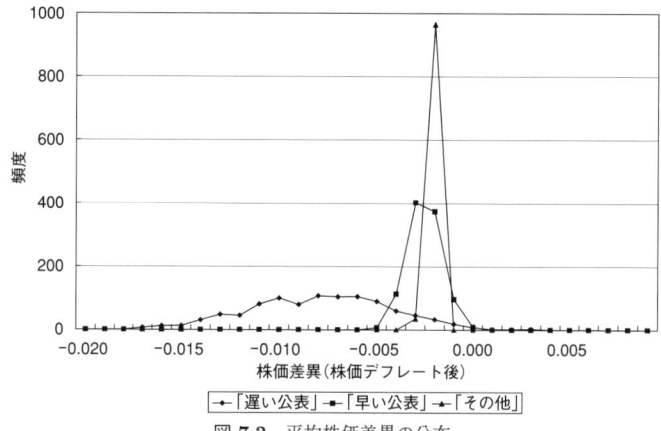

図7.2 平均株価差異の分布

りも大きく，かつネガティヴである（東京の株価が米国の株価より低い）ことがわかる．しかし，これらが有意に異なるのかどうかについては，それぞれの分布がわからない以上，パラメトリックな検定を行うことは不適当である．

この問題を克服するためにブートストラップ法を用いる．分析は米国の株価によってデフレートされた米ドルによる株価の差異とその標準偏差について行われた．それぞれのサブサンプルに対してリサンプリングは1,000回繰り返された．

図7.2は株価差異についてのブートストラップの結果を示す．図7.2からわかることは，「遅い公表」の後の株価差異が他のサブサンプルよりも有意に大きいわけではない，すなわち利益公表のタイミングが東京と米国の間の株価差異に与える影響は観察されないという結果である．

前述の通り，本章にとって最も関心のある変数は株価の差異の標準偏差である．表7.1のパネルBはパラメトリックな統計量を報告している．パネルBで見られるように，「遅い公表」後の株価差異の標準誤差はその他のサブサンプルのそれよりも著しく大きいことが読みとれる．

ブートストラップによる株価差異の標準偏差の分布が図7.3に示されている．図7.3で明らかな通り，株価差異の標準偏差は「遅い公表」＞「早い公表」＞「その他」の順であり，それぞれ有意に異なっている．このことは，「遅い公表」後に東京の投資家が米国株のプライシングに苦労したことを示している．また，

図 7.3 標準偏差の分布

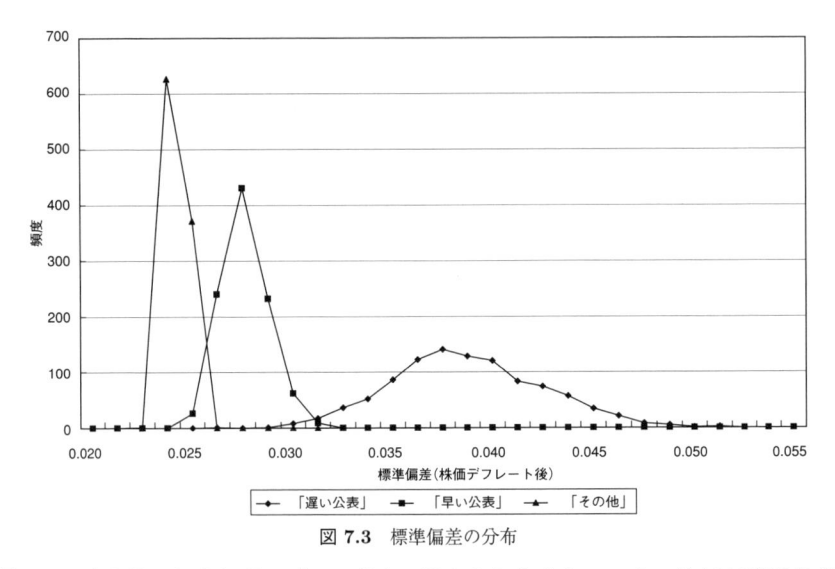

「早い公表」後の標準偏差が「その他」の場合よりも大きいこと，株価が利益公表の翌日に大きく変動するという Patell and Wolfson[16] の結論と一致している．

以上の実証結果の結論は，帰無仮説を支持していない．すなわち，母国投資家によるプライシングを観察できない場合（「遅い公表」）と，観察できる場合（「早い公表」）によって外国投資家によるプライシングは異なることが明らかになった．このことは，会計基準の収れんが外国投資家に便益をもたらす可能性があることを示している．

7.6 感応度チェック

上に得られた結果の解釈は，「遅い公表」がこの擬似実験の中での唯一の操作である（つまり，他の要素はすべてコントロールされた）という仮定に依存する．以下のテストは上記の発見を説明しうるいくつかの仮説を排除するために行われた．

7.6.1 「遅い公表」の前後のプライシング

「遅い公表」の銘柄のプライシングが，「遅い公表」の前から他の株式のプラ

イシングと異なっていたなら，ミスプライスは利益公表以外の理由によったと結論を下すべきである．例えば，「遅い公表」を行う企業は，何らかの理由でその会計情報を外国人投資家が解釈することが難しい企業かもしれない．この可能性をテストするために，「遅い公表」の直前のプライシングが「遅い公表」サブサンプルと他のサブサンプルとの間で異なっていたかどうかの検証を行った[*13]．

表 7.2 利益公表前の株価差異の平均と標準偏差

パネル A：株価差異（東京株価－米国株価）
換算レート＝東京 TTM（注）

サブサンプル	平均（ドル）	(s.e.)	平均（株価デフレート後）	(s.e.)
「遅い公表」	−0.3624	(0.1305)	−0.0054	(0.0028)
「早い公表」	−0.1812	(0.0467)	−0.0024	(0.0010)
「その他」	−0.1463	(0.0042)	−0.0027	(0.0001)

パネル B：株価差異の標準偏差
換算レート＝東京 TTM（注）

サブサンプル	標準偏差（ドル）	(s.e.)	標準偏差（株価デフレート後）	(s.e.)
「遅い公表」	1.2585	(0.1342)	0.0265	(0.0026)
「早い公表」	1.6017	(0.0869)	0.0339	(0.0032)
「その他」	1.0715	(0.0185)	0.0229	(0.0003)

（注）ニューヨークの TTM を用いた場合も同様の結果が得られた．

しかしながら，結果は表 7.2 で見られるように「遅い公表」サブサンプルと「その他」サブサンプルの間に違いを見出さなかった[*14]．このことは，「遅い公表」サブサンプルと「その他」サブサンプルのプライシングは，利益公表がなければ類似していたことを示している．

7.6.2 「良い」ニュースおよび「悪い」ニュース

Patell and Wolfson[17] は，「悪い」情報は一日の終わりに発表される傾向があることを報告している．したがって，「悪い」情報が外国人投資家を混乱させれば，「遅い公表」に対するプライシングの差異はより大きな標準偏差に帰着する

[*13] ここの分析で使用されるサブサンプルは，いくつかの企業の株価が 3 日連続で利用可能でない場合があるので，7.5 節のサブサンプルと同一ではない．また，株価が「遅い公表」前後の 3 日連続して利用可能だった企業を使用して，結果はここで報告したのと変わらなかった．

[*14] ここで「早い公表」サブサンプルが他のものと異なることは合理的である．時差のために，ニューヨークの株価は，その日に行われた利益公表を反映するが，東京でそれが反映されるのは翌日である．

だろう.「遅い公表」サブサンプルは数年間一貫して「遅い公表」を行った企業を含むが,それでも情報内容 (=「悪い」ニュース) が 7.5 節の結果をもたらしているのかもしれない.本章では Patell and Wolfson[17]に従って,報告された四半期の利益が前年の同一四半期と比べて増加だったか減少だったかどうかに基づいて,「遅い公表」サブサンプルを 2 つのグループに分割した.このアプローチは非常に素朴なランダム・ウォークの利益予想モデルを仮定している.

表 7.3 「良い」ニュースと「悪い」ニュースの比較

パネル A: 株価差異 (東京株価−米国株価)

換算レート=東京 TTM (注)

サブサンプル	平均 (ドル)	(s.e.)	平均 (株価デフレート後)	(s.e.)
「良い」ニュース	−0.4823	(0.3384)	−0.0054	(0.0052)
「悪い」ニュース	−0.5399	(0.2647)	−0.0174	(0.0069)
「その他」	−0.1473	(0.0042)	−0.0027	(0.0001)

パネル B: 株価差異の標準偏差

換算レート=東京 TTM (注)

サブサンプル	標準偏差 (ドル)	(s.e.)	標準偏差 (株価デフレート後)	(s.e.)
「良い」ニュース	2.6110	(0.4151)	0.0385	(0.0039)
「悪い」ニュース	1.7146	(0.1803)	0.0429	(0.0077)
「その他」	1.0814	(0.0204)	0.0231	(0.0003)

(注) ニューヨークの TTM を用いた場合も同様の結果が得られた.

表 7.3 の中で示される結果は,「良い」または「悪い」ニュースいずれの場合も,それらが公表された後に「その他」サブサンプルよりも大きい株価差異と標準偏差を報告している.すなわち,「良い」または「悪い」ニュースのどちらかが 7.5 節の結果をもたらしたという仮説と整合しない.

第 7 章のまとめ

本章では,取引時間終了の後に利益が公表された場合に,投資家のプライシングが他の場合と異なるかどうかを検出するためにブートストラップ法による分析を行った.その結果は「遅い公表」とその他の場合では株式の価格決定に違いがあることを示し,「違いがない」という帰無仮説を棄却した.特に,外国投資家が国内投資家による株価決定を観察することができない場合,価格の差異の標準偏差が大きくなることが明らかになった.この発見は,外国投資家が国内投資家とは異なったやり方で会計情報を解釈していることを示唆し,「国際

投資家が国際的会計収れんの受益者である」という IASB の主張を支持する．また，方法論の観点からは，この研究の発見は利益公表のタイミングが国際的な情報転送と関係する研究においてきわめて重要であることを示した．

感応度分析の結果，上記の発見は，外為相場の選択，利益公表前のプライシング，公表利益の内容によって影響されなかった．

理想的には，異なる市場の組み合わせによって本研究の結論が支持されるかどうかをテストすることが必要である．しかし，筆者の知っている限りでは，遅い利益公表＞外国でのプライシング＞本国でのプライシングという一連のイベントを再現することはかなり困難である．理由は，(1) 取引時間の重複なしにこの研究を再現するためには米国とアジア・オセアニアを比較するほかない，(2) 米国企業がアジア市場で上場している例は多くないために，本研究と同様のセッティングを見つけることが困難であるからである．

いくつかの方法でこの研究を拡張することは可能である．まず，ヨーロッパ市場（例えばロンドン）の影響はこの研究で調査されなかった．市場をまたがって連続的な価格決定過程を検討することは有益であろう．この研究方法に関する問題は，非同時・多数の市場セッティングの中での資産価格決定について説明することができる理論が存在しないということである．次に，（終値ではなく）ニューヨークにおける寄りつきの株価を用いることができれば，「遅い公表」の翌日に公表された新情報の影響を除去するだろう．

本研究は，国際的な会計基準の収れんが投資家にとって有益でありうることを示した．しかし，本研究は会計基準が収れんすべき対象が現状ないし将来の国際会計基準／国際財務報告基準であることを主張するものでは決してない．会計基準の収れんが投資家に有用であり，ひいては世界経済に資するためには，「良い」基準に収れんすることが肝要である[*15]．「悪い」基準に収れんしてしまえば，むしろ逆効果であることは明らかである．国際会計基準／国際財務報告基準が収れんの対象たり得るだけの「良い」基準であるのかどうかについては慎重に検証されなければならない．

[*15) 何をもって「良い」会計基準とするかは，もちろん大変難しい問題である．

文 献

1) Speidell, L. S. and Bavishi, V. B., "GAAP Arbitrage: Valuation Opportunities in International Accounting Standards," *Financial Analysts Journal*, **48**, 58–66, 1992.
2) International Accounting Standards Committee, International Accounting Standards Committee-Objectives and Procedures (London: IASC), 1983.
3) Beaver, W. H., "The Information Content of Annual Earnings Announcements", *Journal of Accounting Research*, **6**(Supplement), 67–92, 1968.
4) Morse, D., "Price and Trading Volume Reaction Surroundings Earnings Announcements: A Closer Examination", *Journal of Accounting Research*, **19**, 374–383, 1981.
5) 桜井久勝, 後藤雅敏, 決算発表に対する株式市場の反応, 企業会計, **37**(11), 86–91, および **37**(12), 68–75, 1985.
6) Demski, J. S. and Feltham, G. A., "Market Response to Financial Reports", *Journal of Accounting and Economics*, **17**, 3–40, 1994.
7) Marais, M. L., "An Application of Bootstrap Method to the Analysis of Squared, Standardized Market Prediction Errors", *Journal of Accounting Research*, **22**(Supplement), 34–54, 1984.
8) Meek, G. K., "U.S. Securities Market Responses to Alternative Disclosures of Non-U.S. Multinational Corporations", *The Accounting Review*, **58**, 394–402, 1983.
9) Frost, C. A. and Pownall, G., "Interdependencies in the Global Markets for Capital and Information: The Case of SmithKline Beecham plc", *Accounting Horizons*, **10**, 38–57, 1996.
10) Etter, E. R., "The Information Content of British and Japanese, Annual and Interim Earnings Announcements: A Price and Trading Volume Approach", Working Paper, Syracuse University, 1997.
11) Garbade, K. D. and Silber, W. L., "Dominant and Satellite Markets: Study of Dually-Traded Securities", *Review of Economics and Statistics*, **61**, 455–460, 1979.
12) Solnik, B. H., "International Arbitrage Pricing Theory," *The Journal of Finance*, **38**, 449–57, 1983.
13) Ikeda, S., "Arbitrage Asset Pricing under Exchange Risk", *The Journal of Finance*, **46**, 447–55, 1991.
14) Greene, J. T. and Watts, S. G., "Price Discovery on the NYSE and NASDAQ: The Case of Overnight and Daytime News Releases", Working Paper, San Jose State University and Indiana University, 1995.
15) Efron, B., "The Jackknife, the Bootstrap and Other Resampling Plans", (Philadelphia: Society for Industrial and Applied Mathematics), 1982.
16) Patell, J. M. and Wolfson, M. A., "The Intraday Speed of Adjustment of Stock Prices to Earnings and Dividend Announcements", *Journal of Financial Economics*, **13**, 223–52, 1984.
17) Patell, J. M. and Wolfson, M. A., "Good News, Bad News, and the Intraday Timing of Corporate Disclosures", *The Accounting Review*, **57**, 509–527, 1982.

─《お薦めの3冊》─

- 「ブートストラップ法入門」, 汪金芳, 田栗正章著, 『計算統計 I—確率計算の新しい手法』, 甘利俊一ほか編, 岩波書店, **2003**, 所収.

  日本語によるブートストラップ法の文献は数が少なく, またその数少ない文献も初心者向けとはいえないものばかりである. その中では上記の文献が網羅性の点で他の文献に優る. 日本語という制約がなければ, 本章で引用した Efron[15] を推薦したいところである.

- 『実証会計学』, 石塚博司編, 中央経済社, **2006**.

  わが国における会計学分野の実証研究について, その総括と代表的な論文例をまとめた文献. さまざまな分野における研究例を参照することができる.

- 『マーケット・マイクロストラクチャー―株価形成・投資家行動のパズル』, Maureen O'hara 著, 大村敬一ほか訳, 金融財政事情研究会, **1996**.

  多市場間のマイクロストラクチャーにまつわる問題について多少なりとも検討した唯一の (?) 理論書. とても初心者向けとはいえないが, 他に類書がない. 邦訳は品切の模様であるが, 原著 *Market Microstructure Theory*. (Blackwell Pub.) は入手可能である.

8

格付けと財務比率の非線形な関連性に関する分析

格付けと財務比率との関係を分析する際に広く用いられている順序ロジットモデルは，財務比率と格付けとの間に線形性を仮定している．本章では，この仮定が成り立たない場合の対応方法として，加法順序ロジットモデルや折れ線近似を用いた順序ロジットモデルによる分析を示し，格付けと財務比率との間にある非線形構造を明らかにした．

8.1　はじめに

　社債格付けは社債の安全性を第3者である格付会社がAやBなどの簡単な符号を用いて表した指標である．わが国では，格付投資情報センター（R&I），日本格付研究所，Moody's Investors Service，Standard & Poor's の4機関が代表的であり，本章ではこのうちR&Iの格付けを対象に分析を行う．

　格付けは，社債投資家にとっては投資判断を行う参考情報となり，資金調達を行う企業にとっては調達コストを決定する要因となっているなど資本市場への影響は大きい．しかしながら，社債格付けがどのような要因で決定されているかは明確に開示されておらず，社債格付けの利用者がこの情報を効果的に活用するためにも社債格付けと財務との関係を明らかにする必要がある．社債格付けと企業財務との関連はすでにいくつかの先行研究で分析されているが，いずれも両者の間に線形性を仮定したモデルが用いられている．そこで，本章では社債格付けと企業財務との非線形構造に焦点をあて，両者にどのような非線形構造があるかを明らかにしていく．

8.1 はじめに

格付けを対象とした計量分析は，米国を中心に行われてきた[*1]．初期の分析では主に線形回帰モデルが用いられてきたが，格付けデータが順序離散データであるという性質を表現するために，Kaplan and Urwitz[7] がはじめて順序プロビットモデルを用いた解析を行った．これ以降，順序プロビットモデルが格付けデータの分析では標準的なモデルとなっている．

日本市場を対象に行った研究では，格付けが順序付離散データであるという特性を考慮し，判別モデルの適用方法を工夫したのが，新見[10] である．この研究では，段階的判別モデルにより日米格付機関の決定要因を分析した．変数選択においては，因子分析を利用し直行性の高い変数を選び出すといった探索的なアプローチをとり，日米の格付機関が注目している指標の違いを分析した．

Kaplan and Urwitz[7] による研究を引き継ぎ，日本市場の分析を順序プロビットモデルを用いて分析したのが，中山・森平[11] である．この研究でも，変数選択は複数の財務変数の中からステップワイズアルゴリズムにより変数を絞り込むという，探索的なアプローチがとられている．また，安川[12] では，データをパネルデータに拡張し，格付け決定要因の期間効果を順序ロジットモデルにより分析している[*2]．さらに，安川[13] では，順序ロジットモデルが要求する平行性の仮定を検証している．

これら先行研究で用いられているモデルはすべて説明変数と未知パラメータが線形結合で表現されており，線形性が仮定[*3]されている．しかしながら，線形性の仮定はデータから検証されたものではなく，この仮定が満たされるかどうかは明らかではない．そこで，本章では順序ロジットモデルを一般化加法モデルへ拡張し，格付けと財務比率との間にある非線形関係を計量的に明らかにしていく．

以下では，まず 8.2 節で分析に使用するモデルについて解説する．続いて，8.3 節では分析に用いたデータと説明変数について述べ記述的な分析を行う．さらに，8.4 節では順序ロジットモデルと次節で解説する加法順序ロジットモデルの推定結果を示したあと，そこで抽出された非線形性を反映した順序ロジットモ

[*1] Horrigan[1], Pogue and Soldofsky[2], Pinches and Mingo[3, 4], West[5, 6], Kaplan and Urwitz[7], Ederington[8], Blume, Lim and Mackinlay[9] などがある．
[*2] 順序ロジットモデルについては，本シリーズ『ビジネス数理への誘い』（第 1 巻）を参照．
[*3] 変数変換などによって非線形性を解消している場合もある．

デルを構築する.最後に,まとめと今後の課題について触れる.

8.2　順序ロジットモデルと加法順序ロジットモデル

本章では,順序プロビットモデル[*4)]ではなく順序ロジットモデルを用いて分析を行う.格付けデータの分析で標準的に用いられている順序プロビットモデル以上に広く利用されている順序ロジットモデルを用いる.以下では,本章で使用するモデルについて解説していく.

順序ロジットモデルは,比例オッズモデルとも呼ばれ,McCullagh[16)]により提案された順序離散データを対象とする一般化線形モデル (generalized linear model) である.$y_i = \{1, \ldots, k\}$ を順序離散データである格付けとし,説明変数ベクトル $\boldsymbol{x}$ を与えたときの条件付累積確率を $\Pr(y \leq k \mid \boldsymbol{x})$ とする.さらに p を説明変数の数とすると順序ロジットモデルは次のように定式化される.

$$\log \frac{\Pr(y \leq k \mid \boldsymbol{x})}{\Pr(y > k \mid \boldsymbol{x})} = \alpha_k + \sum_{j=1}^{p} \beta_j x_j. \tag{8.1}$$

ここで,α_k はしきい値を表す未知の定数項パラメータで $\alpha_1 \leq \cdots \leq \alpha_{k-1}$ を満たす.さらに,β は未知の回帰パラメータである.順序ロジットモデルでは,カテゴリー数より 1 個少ない $(k{-}1)$ 個の定数項が推定される.また,

$$\log \frac{\Pr(y \leq k \mid \boldsymbol{x})}{\Pr(y > k \mid \boldsymbol{x})} = \eta_k(\boldsymbol{x})$$

とすると,それぞれのカテゴリーまでの累積確率は次のように計算される.

$$\Pr(y \leq k \mid \boldsymbol{x}) = \frac{\exp\{\eta_k(\boldsymbol{x})\}}{1+\exp\{\eta_k(\boldsymbol{x})\}}.$$

さらに,y がそれぞれの格付け $1, \ldots, k$ を選択する確率は次のようになり,確率が最も高いカテゴリーを観測値の格付け予測値とすることが多い.

[*4)]　Mckelvey and Zavonia[14)] で提案された順序プロビットモデルは,McCullagh and Nelder[15)] で提案された順序データを対象とした一般化線形モデルとして解釈できる.順序プロビットモデルと順序ロジットモデルは一般化線形モデルにおけるリンク関数が異なるものであり,実用上両者の違いは小さい.

$$\begin{cases} \Pr(y=1|\boldsymbol{x}) & \Pr(y\leq 2|\boldsymbol{x})-\Pr(y\leq 1|\boldsymbol{x}) \\ \quad\vdots & \quad\vdots \\ \Pr(y=k-1|\boldsymbol{x}) & \Pr(y\leq k|\boldsymbol{x})-\Pr(y\leq k-1|\boldsymbol{x}) \\ \Pr(y=k|\boldsymbol{x}) & 1-\Pr(y\leq k|\boldsymbol{x}) \end{cases} \qquad (8.2)$$

順序ロジットモデルは,対数オッズ比が説明変数の線形結合で表現できることを仮定(線形性の仮定)している.この仮定を緩和し,対数オッズ比が未知の関数の和で表現できるとした一般化加法モデル[*5](generalized additive model)も考えることができる.

$$\log\frac{\Pr(y\leq k\,|\,\boldsymbol{x})}{\Pr(y>k\,|\,\boldsymbol{x})} = \alpha_k + \sum_{j=1}^{p} f_j(x_j). \qquad (8.3)$$

ここで,$f(x)$は未知の関数であり,データからノンパラメトリックに推定[*6]される.以下では,この順序離散データを対象とした一般化加法モデルを加法順序ロジットモデルと呼ぶことにする.

加法順序ロジットモデルを推定した結果,$f(x)$が非線形な関数となっていれば,順序ロジットモデルを構築する場合にも非線形項を導入することでデータが持つ構造を反映したモデルを構築することができる.また,$f(x)$が線形関数とみなせる場合には,順序ロジットモデルにおける線形性の仮定が満たされていることを確認できることになる.

8.3　分析データと記述的な分析

8.3.1　分析対象と使用変数

目的変数となる格付けは,格付けのカバレッジが広い R&I の 2001 年 7 月末時点の格付けを R&I のホームページ[*7]から入手し使用した.なお,格付けは,

---

[*5] 一般化加法モデルについては Hastie and Tibshirani[17]を参照していただきたい.また,順序離散データを対象とした一般化加法モデルは Hastie and Tibshirani[18]で提案されたモデルである.また,一般化加法モデルをベクトルに拡張したベクトル一般化加法モデルが Yee and Wild[19]で提案されている.

[*6] 本章での分析は,キュービックスプラインにより $f(x)$ を推定している.

[*7] http://www.r-i.co.jp

ノッチ差を考慮しないものとし，BB 以下の格付けはすべて 1 つのカテゴリーにまとめている．分析対象とした企業は，決算期 2000 年 4 月から 2001 年 3 月までの株式公開企業の中で 5 期以上連結決算を公表している企業のうち，2001 年 6 月末時点で R&I から格付けを取得している企業[*8)]とした．該当する企業について日経 NEEDS のデータベースから単独決算データを入手し使用した．この結果，分析対象企業数は 578 社となった．分析対象企業の格付け分布は表 8.1 の通りである．また，目的変数である格付け区分は，B 以下の低格付けを統合し，ノッチ差を考慮しない 6 つのカテゴリー（AAA，AA，A，BBB，BB 以下）とした．

表 8.1 分析対象企業の格付け分布

	AAA	AA	A	BBB	BB 以下
件数	16	62	196	238	66
割合	2.77 %	10.73 %	33.91 %	41.18 %	11.42 %

分析対象となった 578 社の格付けの分布および比率を表したもの．

説明変数として使用する財務比率はさまざまなものを考えることができる．格付機関は格付けの際に重視する財務指標を公表[*9)]している．これらによると，格付けは非公開情報も含めた詳細な資料と経営陣へのインタビューをもとに定量的要因と定性的要因の両方について検討され，格付機関のアナリストを中心メンバーとする格付委員会において最終決定される．格付けを行う際に重視する財務指標としては，主に収益性，安全性（レバレッジ），債務返済能力，利払い能力，規模などが挙げられている[*10)]．

本章での分析の目的は，格付けと関連がある財務比率を探索することではなく，特定の財務指標と格付けとの非線形関係を明らかにすることである．そのため，今回の分析では大量の変数を作成しその中から格付けと関連のある指標を絞り込むという探索的なアプローチ[*11)]をとらずに，格付機関が重視する指標

[*8)] 銀行，証券，保険は分析対象から除いている．
[*9)] 格付投資情報センター[20)]，日本格付研究所[21)]，Standard & Poor's Corporation[22)]，Moody's Investors Service, Inc.[23)] などに詳しい．
[*10)] 格付機関により財務指標の定義などは異なるが，財務的な意味を考えると概ね上の 5 つに分類される．
[*11)] 先行研究では，探索的なアプローチをとる場合と本章のように検証的なアプローチをとる場合の 2 つの場合がある．

を参考に次の4変数を採用[*12)]した.

1) x_1: キャピタリゼーション＝自己資本＋有利子負債[*13)]
2) x_2: 負債キャピタリゼーション比率＝有利子負債÷キャピタリゼーション
3) x_3: EBITDAの5期変動係数＝EBITDA[*14)]の5期標準偏差÷EBITDAの5期平均
4) x_4: ROA＝EBITDA÷総資産平均残高

続いて，これら4変数の財務的な解釈について解説する．まず，規模指標としてキャピタリゼーションを採用した．規模が大きい企業は，事業リスクの負担能力も高く，この値が大きければ格付けも高いことが期待できる．続いて，レバレッジ指標として，負債キャピタリゼーション比率を採用した．負債への依存度が高い企業は財務リスクが大きいと考えられ，この値が大きければ格付けは低くなることが期待される．次に，事業リスクの変動性を表す指標としてEBITDAの変動係数を採用した．収益のばらつきが大きい企業は事業リスクも高いと考えられ，格付けも低くなることが期待される．最後に，収益性指標としてROAを採用した．収益性が高い企業は，負債返済能力も高いことが期待されるため，この値が大きければ格付けも高いことが期待できる．

これらの指標をそのまま分析に用いると外れ値が分析結果に影響を及ぼす可能性がある．そのため，分布を見ながら変数変換および外れ値処理を行っていく．まず，キャピタリゼーションは対数変換を行った．続いて，EBITDA5期変動係数は分布の裾が厚いため，1パーセンタイル値および99パーセンタイル値で丸め処理[*15)]を行ったあと対数変換を行った．さらに，ROAは分布の裾が厚いため1パーセンタイル値および99パーセンタイル値で丸め処理[*16)]のみを行い，負債キャピタリゼーション比率は特に変数変換などの処理は行わなかった．また，これら4変数の記述統計量は表8.2の通りである．

[*12)] 格付機関が公表する指標にはこのほかにインタレストカバレッジがあるが，負債キャピタリゼーションとの相関が高いことから採用を見送った．
[*13)] 有利子負債＝短期借入金＋1年以内返済長期借入金＋短期社債＋社債・転換社債，長期負債＝長期借入金＋社債・転換社債．
[*14)] EBITDA＝営業利益＋受取利息・配当金＋減価償却費．
[*15)] 2.23および168.7で丸め処理を行った．
[*16)] 0および0.2で丸め処理を行った．

表 8.2 使用した変数の基本統計量

```
x1:キャピタリゼーション
    n    missing   Mean     .05      .10      .25      .50      .75      .90      .95
   578      0     11.92    10.01    10.34    10.95    11.77    12.75    13.71    14.21
lowest : 9.116  9.325  9.380  9.381  9.469
highest: 15.14  15.51  15.59  15.64  16.28

x2:負債キャピタリゼーション                                                              [2]
    n    missing   Mean     .05      .10      .25      .50      .75      .90      .95
   578      0     0.402    0.046    0.086    0.217    0.384    0.574    0.742    0.808
lowest : 0.000e+00  6.282e-05  7.550e-04  9.654e-04  1.342e-03
highest: 0.9084   0.9162    0.9302    0.9471    0.9690

x3:EBITDA 5 期変動係数
    n    missing   Mean     .05      .10      .25      .50      .75      .90      .95
   578      0     2.824    1.493    1.839    2.301    2.785    3.336    3.814    4.148
lowest : 0.8329  0.8498  0.9116  0.9812  0.9958
highest: 4.758   4.894   5.001   5.015   5.128

x4:ROA(EBITDA)                                                                        [2]
    n    missing   Mean     .05      .10      .25      .50      .75      .90      .95
   578      0     0.076    0.021    0.030    0.047    0.068    0.098    0.128    0.168
lowest : 0.000000  0.004121  0.004639  0.005633  0.007581
highest: 0.1895    0.1918    0.1947    0.1981    0.2000
```

表中の記号が意味するものは次の通りである．n：観測数，missing：欠測値の数，Mean：平均，.05：5%パーセンタイル値，.10：10%パーセンタイル値，.25：25%パーセンタイル値，.50：%パーセンタイル値，.75：75%パーセンタイル値，.90：90%パーセンタイル値，.95：95%パーセンタイル値，lowest：最小値から5番目に小さい値まで，highest：最大値から5番目に大きい値まで．また，変数名の右の図はヒストグラムである．

8.3.2 記述的な分析

目的変数である格付けとそれぞれの説明変数との関連を個別に見ていく．格付けデータのような質的データと量的データの関連を視覚的に見るためには，箱ひげ図 (boxplot) をプロットするとわかりやすい．図 8.1 は上述した4変数の分布を格付けごとに見たものである．箱の中央に線で示している中央値が，格付けごとに単調増加もしくは単調減少となっていれば，格付けとそれぞれの変数との間に線形性を仮定する証拠[17]の1つとなり得る．図 8.1 を見ると，いずれの変数についても極端な非線形構造は見られないものの，線形関係のみで近

---

[17] 線形関係があれば財務比率が大きくなれば格付けが高く（低く）なることが期待される．そのため，格付け別に見たときの分布の中心（この場合は中央値）が単調に増加（もしくは減少）していることが必要である．

図 8.1 箱ひげ図

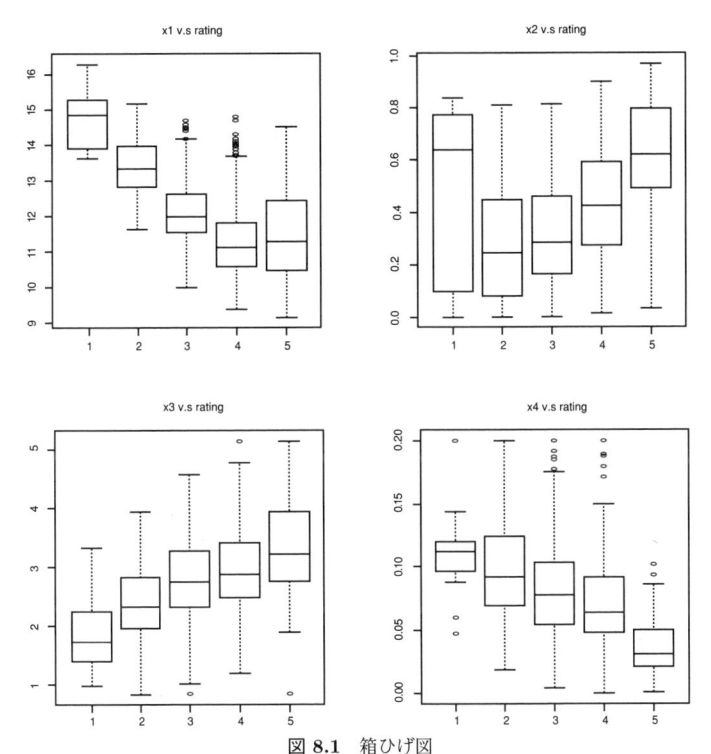

格付けごとに各変数の分布をプロットしたもの．横軸は格付けを表し，図中の 1,...,5 はそれぞれ，AAA, AA, A, BBB, BB 以下を意味する．図中の箱は 25 パーセンタイル値（第 1 四分位値）と 75 パーセンタイル値（第 3 四分位値）を囲ったものである．箱の中央の線は 50 パーセンタイル値（中央値）を表す．また，箱から伸びているひげは，第 1 四分位点と第 3 四分位点からそれぞれ四分位偏差の 1.5 倍だけ外側にある点を結んだものである．これよりも外側にあるデータは白丸で表示している．

似できるとも考えにくい．次節ではモデルを構築することで，非線形構造の有無を計量的に確かめていく．

さて，順序ロジットモデルも線形回帰モデルと同様に多重共線性が問題となる．多重共線性とは，説明変数間の相関が強くパラメータの推定結果に偏りが生じることである．多重共線性が強すぎると，見かけ上のあてはまりは良くてもデータを外挿した際に推定結果が信用できなくなったり，推定されたパラメータの符号条件が合わなくなってしまうなどの問題が生じる．このためには，モデルを構築する前に，変数間の相関を上で示した多変量連関図や相関行列の計算などにより確認しておくことが必要である．表 8.3 は，4 変数の相関行列で

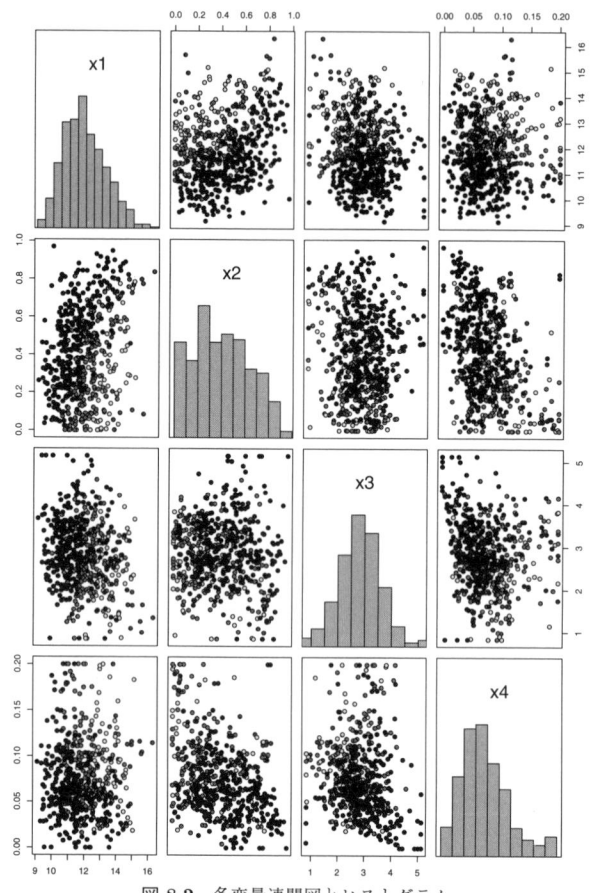

図 8.2 多変量連関図とヒストグラム
各変数間の散布図とヒストグラムを示したもの．図中の変数はそれぞれ，x_1：キャピタリゼーション，x_2：負債キャピタリゼーション比率，x_3：EBITDA5 期変動係数，x_4：ROA(EBITDA) を意味する．

ある．完全に独立ではないが変数間の相関は低く，パラメータ推定上の問題は少ないと判断される．

続いて，図 8.2 にモデルに使用した 4 変数の多変量連関図を示した．上述した変数変換と外れ値処理により分布の裾は薄くなっている．また，各変数の散布図を見ると，変数間に極端な線形相関関係は見られない．表 8.3 の結果が視覚的にも確認することができた．

ここまで，記述的な分析により格付けと財務比率との関連を眺めるとともに，

表 8.3 変数の相関行列

		x_1	x_2	x_3	x_4
キャピタリゼーション	x_1	1	0.29	-0.22	-0.01
負債キャピタリゼーション比率	x_2	0.29	1	-0.05	-0.38
EBITDA 変動係数	x_3	-0.22	-0.05	1	-0.17
ROA(EBITDA)	x_4	-0.01	-0.38	-0.17	1

使用した 4 変数の相関行列．相関係数の絶対値が最も大きいものは負債キャピタリゼーションと ROA(EBITDA) の -0.38 である．

変数間の関連性も見てきた．続いて，次節では 8.2 節で解説したモデルを構築した結果を示す．

8.4 モデルの構築

8.4.1 順序ロジットモデルの推定結果

表 8.4 は，線形性を仮定した順序ロジットモデルの推定結果を示したものである．格付けカテゴリー数より 1 少ない数だけ定数項が推定されるため，4 つの定数項が推定されている．表にはワルド検定によって回帰係数が 0 かどうかの検定結果も示している．表中の Wald という欄にはワルド検定統計量の値を示し，有意確率が事前に設定する有意水準を下回れば回帰係数が 0 であるという帰無仮説を棄却することができる．表 8.4 を見ると，採用した 4 変数すべてについてワルド検定の有意確率が 0 となっており，モデルはよくあてはまっているといえる．

表 8.4 順序ロジットモデルの推定結果

		係数	標準誤差	Wald	有意確率
定数項:1	$\mathrm{logit}(\mathrm{P}[y \leq 1])$	-24.11	1.53	249.04	0.0000
定数項:2	$\mathrm{logit}(\mathrm{P}[y \leq 2])$	-20.98	1.40	225.36	0.0000
定数項:3	$\mathrm{logit}(\mathrm{P}[y \leq 3])$	-17.20	1.27	184.24	0.0000
定数項:4	$\mathrm{logit}(\mathrm{P}[y \leq 4])$	-13.18	1.17	126.66	0.0000
キャピタリゼーション	x_1	1.79	0.11	262.92	0.0000
負債キャピタリゼーション比率	x_2	-6.93	0.53	169.89	0.0000
EBITDA 変動係数	x_3	-0.94	0.13	56.27	0.0000
ROA(EBITDA)	x_4	16.15	2.45	43.30	0.0000
対数尤度		-461.28			

順序ロジットモデルの推定結果を示したもの．Wald の欄は Wald 検定による統計量（すべて自由度 1）を，有意確率の列は Wald 検定の結果を表す．また，係数の符号が正である変数はその変数が大きくなれば格付けも高くなる傾向があることを意味し，係数の符号が負である変数はその変数が大きくなれば格付けは低くなる傾向があることを意味している．

表 8.5 加法順序ロジットモデルの推定結果

		線形項	Npar 自由度	Npar カイ 2 乗	有意確率
定数項:1	logit(P[$y \leq 1$])	−26.12	3		
定数項:2	logit(P[$y \leq 2$])	−22.88	3		
定数項:3	logit(P[$y \leq 3$])	−18.99	3		
定数項:4	logit(P[$y \leq 4$])	−14.62	3		
キャピタリゼーション	x_1	1.93	3	12.13	0.0042
負債キャピタリゼーション比率	x_2	−7.52	3	23.87	0.0000
EBITDA 変動係数	x_3	−0.90	3	8.17	0.0272
ROA(EBITDA)	x_4	18.01	3	16.74	0.0005
対数尤度		−427.91			

表中の係数は定数項および一般化加法モデルの線形部分の係数を表す．また，Npar カイ 2 乗統計量は非線形部分の有意性検定を行うもので，有意確率はこの検定結果を示す．また，p 値はすべて自由度がノンパラメトリック項の実効自由度 [16, 18] となるカイ 2 乗分布から近似的に計算している．

8.4.2　加法順序ロジットモデル

　表 8.4 の結果は，使用した 4 変数が格付けの決定に有効であることが計量的に明らかとなった．しかしながら，順序ロジットモデルは対数オッズ比が説明変数の線形結合で表現されるという線形性を仮定したモデルである．そこで，この線形性の仮定が満たされるかどうかを加法順序ロジットモデルを推定することで確かめる．表 8.5 はこの結果を示したものである．表中の「Npar カイ 2 乗」は加法順序ロジットモデルの非線形項の有意性を検定する統計値であり，「Npar 自由度」は非線形項の自由度を表す．「有意確率」は非線形項の有意性検定の有意確率を表し，これが小さいと非線形項が有意であることを意味する．すべての変数で非線形項は信頼水準 5%で有意となっている．線形項に加えて非線形項を導入した方がデータへのあてはまりが良いことを示している．

　続いて，(8.3) 式の $f(x)$ を視覚的に表示したものが図 8.3 である．これを見ると，キャピタリゼーション (x_1) と EBITDA5 期変動係数 (x_3) はほぼ線形とみなせる．一方，負債キャピタリゼーション比率は 0.6 付近から傾きが変わっていることがわかる．これは，負債キャピタリゼーション比率が 0.6 を境にして格付けに与える効果が違うことを意味する．格付けは債務返済能力を示すものであり，過大な負債は低い格付けとなる傾向があり，この傾向は負債キャピタリゼーション比率が 0.6 を超えたあたりから加速することが加法順序ロジットモデルの推定結果からわかる．また，ROA(x_4) は 0.1 を境に傾きが小さくなっている．ROA が高ければ償還能力の源泉となる収益力も高く格付けも高いこ

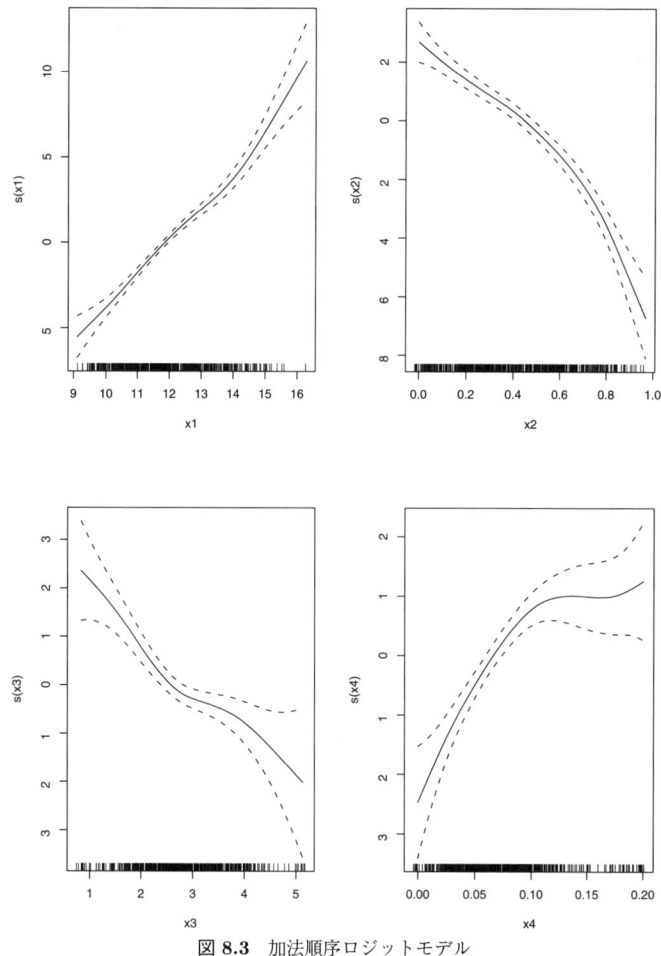

図 8.3 加法順序ロジットモデル
散布図平滑化法によりノンパラメトリックに推定した関数の偏回帰係数をプロットしたもの．実線が推定した関数で，破線は 95 %信頼区間を表す．

とが期待されるが，その効果は 0.1 程度で低減することを示している．これは，ROA が 0.1 を超えるとそれ以上収益性を上げても格付けへの影響は少ないことを意味している．これらの結果は，格付けと財務指標との関連は単純にある指標が高ければ良い，もしくは低ければ悪いといった関係だけではなく，指標の水準によりその効果は異なっていることを示している．

8.4.3 非線形構造を反映した順序ロジットモデル

加法順序ロジットモデルを推定した結果，格付けと財務比率との間には単純な線形関係だけではなく，部分的に非線形関係が存在することがわかった．ここでは，加法順序ロジットモデルの結果を見ながら，順序ロジットモデルの中に非線形項を導入することで，パラメトリックに非線形関係をモデルとして表現してみる．

表 8.5 の非線形項の有意性検定結果からノンパラメトリックカイ 2 乗統計量が大きい 2 変数[18]（負債キャピタリゼーション比率と ROA）について非線形関係をパラメトリックに表現してみる．図 8.3 で見たように，この 2 変数はある水準から傾きが変わっている．そこで，変数の水準により傾きを変えたモデルへ順序ロジットモデルを拡張する．傾きを変えるしきい値は，図 8.3 からの視覚的な判断に加えてしきい値をさまざまに変えたモデルを構築し，対数尤度が最も大きくなる点とした．しきい値と対数尤度の関係を図示したものが図 8.4 である．まず，負債キャピタリゼーションについて 0.5 から 0.9 まで 0.025 きざみでしきい値を変え，対数尤度を計算した．負債キャピタリゼーションのしきい値を 0.825 とした場合に最も対数尤度が大きくなった．続いて，ROA についても同様に，0 から 0.2 まで 0.02 きざみでしきい値を変えて対数尤度を計算した．ROA のしきい値を 0.1 とした場合に最も対数尤度が大きくなった．

よって，負債キャピタリゼーション比率[19]で 0.825，ROA で 0.1 を傾きを変えるしきい値とした．このモデルを推定した結果が表 8.6 である．これを見ると，負債キャピタリゼーション比率が 0.825 未満の回帰係数は −6.28 となり，0.825 以上では −11.11 となった．また，ROA の回帰係数は 0.1 未満で 22.81，0.1 以上では 18.45 となった．

続いて，変数の水準により傾きが異なることを許した上記のモデル（表 8.6）をすべての変数に線形性を仮定したモデル（表 8.4）とを比較してみる．まず，対数尤度は −461.28 から −433.60 へ改善している．非線形性を反映した変数は，負債キャピタリゼーション比率と ROA の 2 つなので自由度の差は 2 であ

---

[18] 表 8.5 の非線形項の有意性検定の統計量（Npar カイ 2 乗が大きい 2 変数について非線形性の近似を試みた）．

[19] 図 8.3 では 0.6 が傾きを変えるしきい値と見えるが，対数尤度を基準に判断すると 0.825 となった．これは，0.825 を超えている企業のあてはまりが改善しているためと考えられる．

8.4 モデルの構築

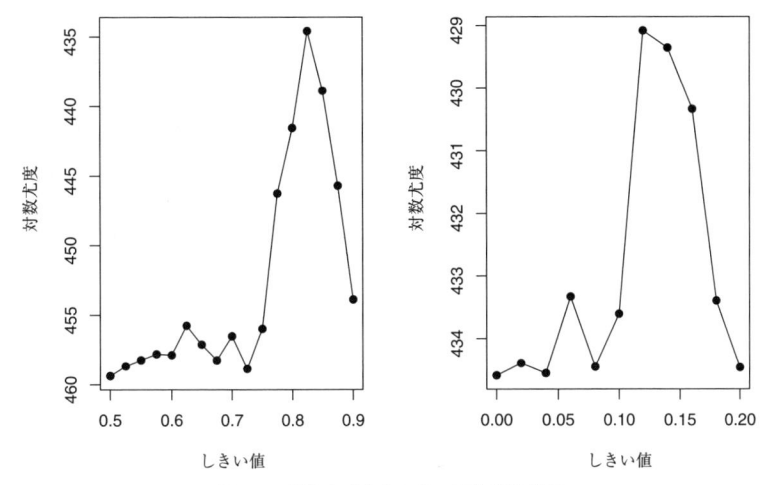

図 8.4 傾きを変えるしきい値と対数尤度

傾きを変えるしきい値を変えて推定したモデルの対数尤度をプロットしたもの．対数尤度が最も高い点がデータへのあてはまりが最も良いしきい値となる．左図が負債キャピタリゼーション比率のしきい値を変えて計算した結果であり，右図が ROA のしきい値を変えて計算したものである．

る．この対数尤度の差がパラメータの増加に比べて有意といえるかどうかを尤度比検定で確かめた結果が表 8.7 である．2 つのモデルを比較したところ，推定すべき未知パラメータの増加に比較して尤度の改善度合いは有意に大きいことがわかる．このことは，あるしきい値を境に回帰係数を変えた折れ線型の関数で非線形性を近似した表 8.6 のモデルがデータから支持されることを示している．また，非線形性を反映しなかったキャピタリゼーションと EBITDA5 期変動係数については，外れ値の処理のために対数変換を行っており，この段階で非線形性が反映されているものと解釈できる．

8.4.4 モデルのあてはまり

ここでは，前節までに構築した 3 つのモデルについて，実際の格付けをモデルがどのくらい正しく予測できているかを見ていく．表 8.8 と表 8.9 は，順序ロジットモデルおよび加法順序ロジットモデルが実際の格付けを正しく判別できている割合を示している．順序ロジットモデルでは 67.3%，加法順序ロジットモデルでは 70.2%がモデルにより正しく判別されている．

続いて，表 8.10 は，非線形構造を反映した順序ロジットモデルが実際の格付

表 8.6 非線形構造を反映した順序ロジットモデル

		係数	標準誤差	Wald	有意確率
定数項:1	logit(P[$y \leq 1$])	-26.72	1.70	248.05	0.0000
定数項:2	logit(P[$y \leq 2$])	-23.49	1.57	224.61	0.0000
定数項:3	logit(P[$y \leq 3$])	-19.54	1.42	188.02	0.0000
定数項:4	logit(P[$y \leq 4$])	-15.12	1.31	132.91	0.0000
キャピタリゼーション	x_1	1.95	0.12	267.46	0.0000
負債キャピタリゼーション比率 0.825 未満	$x_2 < 0.825$	-6.28	0.55	132.04	0.0000
負債キャピタリゼーション比率 0.825 以上	$x_2 \geq 0.825$	-11.11	0.86	166.43	0.0000
EBITDA 変動係数	x_3	-0.98	0.13	54.19	0.0000
ROA(EBITDA) 0.1 未満	$x_4 < 0.1$	22.81	4.70	23.55	0.0000
ROA(EBITDA) 0.1 以上	$x_4 \geq 0.1$	18.45	2.68	47.37	0.0000
対数尤度		-433.60			

順序ロジットモデルの推定結果を示したもの．Wald の欄は Wald 検定による統計量（すべて自由度 1）を，有意確率の列は Wald 検定の結果を表す．また，係数の符号が正である変数はその変数が大きくなれば格付けも高くなる傾向があることを意味し，係数の符号が負である変数はその変数が大きくなれば格付けは低くなる傾向があることを意味している．

表 8.7 尤度比検定の結果

	対数尤度	パラメータ数	尤度比検定統計量	有意確率
GLM1	-461.2774	8		
GLM2	-433.6046	10		
差分	27.6728	2	55.3456	0.0000

すべての変数に線形性を仮定したモデル（GLM1）と 2 つの変数について非線形を反映したモデル（GLM2）を尤度比検定により比較したもの．

表 8.8 順序ロジットモデルのあてはまり（表 8.4 のモデル）

	実際の格付け				
	AAA	AA	A	BBB	BB
AAA	5	4	0	0	0
AA	9	32	6	1	0
A	2	25	140	38	2
BBB	0	1	49	186	38
BB	0	0	1	13	26

表の縦はモデルにより判別された格付けを示し，横は実際の格付けを表す．正確に判別できた割合：67.3%．

表 8.9 加法順序ロジットモデルのあてはまり（表 8.5 のモデル）

	実際の格付け				
	AAA	AA	A	BBB	BB
AAA	7	2	0	0	0
AA	7	37	10	1	0
A	2	22	142	39	0
BBB	0	1	43	187	33
BB	0	0	1	11	33

表の縦はモデルにより判別された格付けを示し，横は実際の格付けを表す．正確に判別できた割合：70.2%．

けを正しく判別できている割合を示している．推定すべきパラメータを2つ増やすことにより，加法順序ロジットモデルの70.2%に匹敵する69.5%が正しく判別できている．非線形構造を単純に折れ線型の関数で近似するだけでモデルのあてはまりが2.2%改善する結果となった．

表 8.10 非線形構造を反映した順序ロジットモデルの予測結果（表 8.6 のモデル）

	実際の格付け				
	AAA	AA	A	BBB	BB
AAA	5	4	0	0	0
AA	9	38	9	1	0
A	2	20	142	40	0
BBB	0	0	44	183	32
BB	0	0	1	14	34

表の縦はモデルにより判別された格付けを示し，横は実際の格付けを表す．正確に判別できた割合：69.6%．

第 8 章のまとめと今後の課題

本章では，R&I の格付けを対象に格付けと財務指標との関連を分析してきた．分析は，順序ロジットモデルと加法順序ロジットモデルを用いて行い，特に格付けと財務比率との間にある非線形性に焦点をあて分析を進めた．

加法順序ロジットモデルを推定した結果，格付けと非線形関係がある財務比率が存在することが明らかになった．続いて，加法順序ロジットモデルにより視覚的に確認された非線形構造を反映した順序ロジットモデルを構築した．このモデルを，非線形構造を反映しない順序ロジットモデルと比較したところ，非線形構造を反映したモデルがデータから支持されるという結果となった．非線形構造の反映は，負債キャピタリゼーション比率は 0.825 を境に傾きを変え，ROA については 0.1 を境に傾きを変えた折れ線型のモデルにより行った．負債キャピタリゼーション比率は 0.825 を超えると格付けが低くなる傾向が加速し，ROA は 0.1 を超えると格付けが高くなる傾向が減退することを意味している．一方，キャピタリゼーション対数と EBITDA5 期変動係数の対数は，線形性の仮定が満たされる変数であることも明らかとなった．今回の分析した変数で見るかぎり，格付けと財務比率との非線形関係は極端に複雑なものではなく，対

数変換や折れ線型の関数で近似できることを計量的に確かめることができた．

また，今回は格付機関が重視している指標を参考に決定した4変数のみの分析しかしていない．しかし，格付けとの関連がある指標はこれ以外にも存在すると考えられるほか，線形の関連性はなくとも非線形な関連性が存在する可能性もある．今後は，本章で取り上げた指標以外についても，どのような非線形構造があるかについて網羅的に検証することも考えたい．さらに，R&Iの格付けのみを分析対象としたが，R&I以外の格付けについても同様の分析を行い，それらを比較することも考えていきたい．

文献

1) Horrigan, J., "The Determination of Long-term Credit Standing with Financial Ratio", *Supplement to Journal of Accounting Research*, **4**, 44–62, 1966.
2) Pogue, T. F. and Soldofsky, R. M., "What's in a Bond Rating", *Journal of Financial and Quantitative Analysis*, **4**, 201–228, 1969.
3) Pinches, G. E. and Mingo, K. A., "A Multivariate Analysis of Industrial Bond Ratings," *Journal of Finance*, **28**, 1–18, 1973.
4) Pinches, G. E. and Mingo, K. A., "Subordination and Industrial Bond Ratings", *Journal of Finance*, **30**, 201–206, 1975.
5) West, R. R., "An Alternative Approach to Predicting Corporate Bond Rating", *Journal of Accounting Research*, **7**, 118–127, 1970.
6) West, R. R., "Bond Ratings, Bond Yields and Financial Regulation: Some Findings", *Journal of Law and Economics*, **16**, 159–168, 1973.
7) Kaplan, R. S. and Urwitz, G., "Statistical Models of Bond Ratings: A Methodological Inquiry", *The Journal of Business*, **52**, 231–261, 1979.
8) Ederington, L. H., "Classification Models and Bond Ratings," *The Financial Review*, **20**, 237–262, 1985.
9) Blume, M. E., Lim, F. and Mackinlay, A.C., "The Declining Credit Quality of U.S. Corporate Debt: Myth or Reality", *Journal of Finance*, **53**, 1389–1413, 1998.
10) 新見隆宏，格付けと財務指標の関係について，森棟公夫，刈屋武昭編，リスク管理と金融証券投資戦略，東洋経済新報社，37–65，1998.
11) 中山めぐみ，森平爽一郎，格付け選択確率の推定と信用リスク量，JAFEE 1998夏季大会予稿集，210–225，1998.
12) 安川武彦，社債格付けの決定要因に関するパネルデータ分析，筑波大学大学院経営・政策科学研究科修士論文，2000.
13) 安川武彦，平行性の仮定と格付けデータ　順序ロジットモデルと逐次ロジットモデルによる分析，統計数理，**50**, 201–216, 2002.
14) Mckelvey, R. and Zavonia, W., "A Statistical Model for the Analysis of Ordinal Level Dependent Variables", *Journal of Mathematical Sociology*, **4**, 103–120, 1975.

15) McCullagh, P. and Nelder, J. A., *Generalized Linear Models* (Second Edition), Chapman and Hall, 1991.
16) McCullagh, P., "Regression Models for Ordinal Data (with discussion)," *Journal of the Royal Statistical Society, Series B*, **42**, 109–142, 1980.
17) Hastie, T. and Tibshirani, R., *Genaeralized Additive Models*, Chapman and Hall, 1990.
18) Hastie, T. and Tibshirani, R., "Non-parametric Logistic and Proportional Odds Regression," *Journal of the Royal Statistical Society Applied Statistics*, **36**, 260–276, 1987.
19) Yee, T. W. and Wild, C. J., "Vector Generalized Additive Models", *Journal of the Royal Statistical Society, Series B*, **58**, 481–493, 1996.
20) 格付投資情報センター,格付け Q&A　決まり方から使い方まで,格付投資情報センター,2001.
21) 日本格付研究所,格付け信用審査と実際,東洋経済新報社,1998.
22) Standard & Poor's Corporation, *Corporate Ratings Criteria*, McGraw-Hill, 1998.
23) Moody's Investors Service, Inc., *Research Guide – Industrial*, Moody's Investors Service, 1996.

―――――――――《お薦めの 3 冊》―――――――――

- 『よくわかる格付けの実際知識』,山澤光太郎著,東洋経済新報社,**2003**.
  本章では,格付けについての詳しい解説は行っていない.格付けについて詳しく知りたい方には,副読本として薦められる.

- 『S と統計モデル』,Chanbers, J. M. and Hastie, T. J. 編,柴田里程訳,共立出版,**1994**.
  本章で使用したモデルは,順序データを対象とした一般化線形モデルおよび一般化加法モデルである.これらを含むさまざまな統計モデルについての考え方と構築方法について S-plus によるコマンドとともに解説している.分析例を示しながら解説しているため,実際の分析を行おうとする方に薦められる.

- 『統計モデル入門(医学統計学シリーズ　第 2 巻)』,丹後俊郎著,朝倉書店,**2000**.
  一般化線形モデルおよび一般加法モデルを含めて各種統計モデルについての解説を S-plus によるプログラムとともに簡潔にまとめている.統計モデル一般について,概要を入門的に学習したい方に薦められる.

9

共分散構造分析を用いたM&Aや提携の目的と効果の因果関係の検証

本章では共分散構造分析を用いて，外部経営資源の導入の目的（コスト低減，研究開発，市場拡大），そのための手段（M&A，提携），経営上の効果（主観的な目標達成度，客観的な財務諸表上の数値変化）の間の因果関係に関する検証を行う．

9.1　M&Aと提携の効果分析とコスト低減の観点

1990年代以後の日本では，M&Aや提携[*1)]による外部経営資源の導入が増えているが，「好ましい効果をもたらすM&Aや提携」の姿に関しては，いまだ定まった解が確立されていない[1)]．そこで本章では，この命題の解き方に関する方向性を得るために，わが国の製造業を対象に，主にコスト低減の側面に着目しながら，財務的効果やその他のパフォーマンスとM&Aや提携の関係を包括的に整理することを試みる．ここでは，M&Aと提携を外部経営資源の導入手段と捉え[2), 3)]，それらの有効性の相違を対比した上で，M&Aや提携が効果的となる諸条件を実証分析に基づいて提示する．

ここでの分析に際してはコスト低減に着目する．その理由は，コスト低減を目的とするM&Aや提携が実際に存在し[4)]，研究開発目的の提携では研究開発コストが低減する[5)]という事実とともに，コスト低減目的のM&Aや提携を研

[*1)] 本章でいうM&Aは合併と買収を意味するが，合併とは，2つ以上の企業（株式会社）が合同することで，新会社法第748条（旧商法第56条）に規定する合併を指す．買収とは，ある会社（株式会社）が他の会社の株式全体またはその一部を買い取ることを指し，営業譲渡もこれに含む．提携とは，技術提携，共同開発，共同生産，販売委託，生産委託，資本参加，ライセンス供与，合弁事業の設立，長期間にわたる取引関係の構築などを指す．

9.1 M&Aと提携の効果分析とコスト低減の観点

究対象にすると，それらによる外部経営資源導入の効果を計数的に把握し，それを経済的に評価する上で有効だと判断できるからである．

一般的に M&A や提携は，研究開発，市場シェアの拡大，リスク低減やコスト低減など多目標である[6,7]．しかし，コスト低減を目的とする場合とそれ以外を比べると，会計利益に反映されるパターンが異なる．前者では損益計算書上の費用縮減に結びつく可能性が高い．一方，後者では，経営資源の追加投入によるコストの増大（利益の減少）を経た後に会計利益の改善という形を取りやすいだけではなく，時間の経過とともに外部資源導入による会計利益の改善効果に，その他の経営行動の成果が混入して希薄化される可能性が高い．さらに，M&A や提携から生まれる企業パフォーマンスは両者で異なる競争分野で出現する可能性もある．ここから，M&A や提携において，多様な目的の部分集合であるコスト低減活動が企業経営のいかなる側面に効果的か，あるいは非効率的なのかが問題となる．

そこで本章では，M&A や提携によるコスト低減と研究開発の2つの活動，企業経営者[*2]による当該 M&A や提携への評価，および財務的効果[*3]，の関係について，M&A や提携の効果を財務指標に現れる数値変化のみから捉えるのではなく，経営の非財務的側面への効果を含めた形で考察することにより，企業経営者の評価と財務指標に現れる両者の効果の差を問題としていきたい．

これは，M&A や提携の財務的効果の有無とは別に，それらに財務的効果とは別の経営上のメリットがあるがゆえに，財務業績の改善効果がなくとも M&A や提携が実施されることが想定されるからである．それゆえ，実際の企業行動において M&A や提携が盛んである事実を考察する上では，コスト低減や財務的効果以外の効果としての研究開発などにも範囲を広げた検証が必要となる．そこで，財務数値の変化を短期的な成果を測定する指標と位置付けるとともに，長期的な効果も含む指標が必要であることから，質問紙調査で集めた総合的な評価のデータも分析に用いることにする．

[*2] 企業経営者には，企業の経営管理部門の責任者などを含むものとする．
[*3] M&A や提携を契機に，財務諸表上に現れる諸指標の改善現象を「財務諸表上の改善効果」，「財務的効果」とする．

9.2 検証方法と質問紙調査の概要

以上の観点から，「M&A や提携による諸活動が経営上のパフォーマンスに影響するとともに財務業績の向上をもたらす」，という大まかな仮説に基づくモデルを作成し，質問紙調査によって集めた主観点評価のデータと，この調査で M&A や提携を実施したと回答した企業の有価証券報告書に記載された財務データ[*4)]を共分散構造分析[*5)]によって分析する．ここでは，M&A や提携を実行した企業経営者など（質問紙調査の回答者）が，当該 M&A ないしは提携に対して下す主観的評価と，それらの実行によって財務指標上に現れる客観的効果とが一致または不一致となる条件に関する分析・整理が重要となる．そこで，M&A や提携の前後を通じた財務データの変化と，質問紙調査から得られた主観的評価との対比を通じて，どのような状況で主観的評価と財務データが乖離しやすく，その評価の差はどの程度か，を検出する．

この方法は，財務指標（客観的データ）による M&A や提携の効果測定という従前の手法に，M&A や提携に対する経営者などの主観的評価（質問紙調査）を測定項目に加えた点で特徴的である．そうした方法を採る理由は，従来の測定方法を測定尺度となる財務指標なども含めて批判的に見た場合，測定方法の再検討によって財務諸表上の変化やそこに現れない影響を測定できる可能性があるからである．

本章で用いる質問紙調査データ（2000 年実施）は，わが国の製造業に属する上場企業（全国の証券取引所の 1 部，2 部，店頭等上場）1,714 社[*6)]を対象とする調査に基づいている[*7)]．この調査では，対象企業の経営企画部門宛に，「M&A

[*4)] ここでは，Nikkei Needs のデータを用いた．以下，「財務データ」という．
[*5)] 共分散構造分析は観測変数と構成概念の両方を扱って，その因果関係を明らかにする意味で，因子分析と回帰分析を一体にした分析法と理解できる[8)]．
[*6)] 調査対象をすべての上場企業（製造業）とした理由は，日本の製造業における M&A や提携の一般的な状況を概観するためである．
[*7)] 複数の事業を実施する企業については，最も主要な事業（事業が複数ある場合には，売上高に占める割合が 1 位である事業）を指すものとする．また，M&A や提携の件数が複数の場合には，調査時点を基準とする過去 10 年間で，経営戦略上，最も重要と回答企業が判断する M&A や提携を回答の対象とした．

に関する調査票」と「提携に関する調査票」の 2 冊を送付し，過去 10 年間に実施された M&A（または提携）のうち当該企業にとって最も重要なケースについての回答を依頼した．1,714 社のうち「M&A に関する調査票」に対する有効回答は 101 社，「提携に関する調査票」に対する有効回答は 157 社である．

これらの調査票は相独立した冊子からなり，それぞれ適切な部門の担当者の回答を求めた．両者に回答した企業は 80 社近くになるが，M&A と提携の時期や回答者が異なる場合が多いので，同じ会社から回収した 2 種類の調査票への回答における依存関係は薄いと判断した．したがって，それぞれの調査票のデータは，同一企業が両方に回答を寄せた場合も独立した情報として扱う．

質問紙調査では，M&A または提携によるコスト低減と研究開発ごとに，その測定項目（観測変数）を細かく選定した．M&A を実施した企業の経営者が認識する当該 M&A のパフォーマンス（効果）についても経営全般，コスト低減，利益，スピード，研究開発，市場対応のそれぞれの側面から測定した．このうち，コスト低減活動については，重視した低減対象コストの種類を価値連鎖に従って 8 項目（費目）に分けて詳細に質問した（問 9）．研究開発活動については，重視した研究開発・製品開発の内容（6 項目）を質問した（問 10）．経営上のパフォーマンスについても，「コスト低減面での効果」「利益面での効果」「経営のスピード面での効果」など 6 項目に区分して，それぞれの効果の程度を質問した（問 12）．なお，各問については，各項目の重要性や達成度に応じて5 段階の尺度データ[*8)]による回答を得るものとなっている．

9.3　M&A の経営効果と財務効果

9.3.1　潜在変数と潜在変数の 1 因子モデル

以上の議論を踏まえ，コスト低減や研究開発という M&A を契機に実施される活動を表す変数，経営上のパフォーマンスを表す変数，財務指標の改善効果を表す変数，という 3 つの質的に異なる構成概念（潜在変数）間の因果関係と，

[*8)] 問 9, 10, 12 の尺度は，それぞれ 5 段階からなるが，実際の分析では「1. 重要でない」，「2. どちらともいえない」，「3. 重要である」（問 9, 10），「1. 効果がなかった」，「2. どちらともいえない」，「3. 効果があった」（問 12）の 3 段階に変換して用いた．なお，質問項目については後掲の表 9.1, 表 9.2, 表 9.3 を参照．

それらの関係に影響を与える具体的な経営上の事象を，共分散構造分析によって判別するために分析モデルを構築する．

これらの構成概念は，それぞれ複数の観測変数から構成される変数群[*9]によって表される．分析に際しては，共分散構造モデルを用いた1因子モデルによって構成概念の測定モデルを規定した上で，それらの構成概念間の因果関係（構造モデル）を検証する．ここでは，M&Aによる活動，経営上のパフォーマンス，財務指標の改善効果をそれぞれ構成概念（潜在変数）として定義する．

m_1：コスト低減活動 ⎫
m_2：研究開発活動　⎬ M&Aによる活動
P：経営上のパフォーマンス
X：財務指標の改善効果

これらの潜在変数の1因子モデルに共通する作成の手順と条件は次の通りである．

1) 潜在変数 m_1, m_2, P, X ごとに，共分散構造分析によって算出した n 個の観測変数に係る標準化回帰係数（パス係数）の大きい順に順位をつける．
2) 1因子モデルには最低3個の変数が必要なので[9]，各構成概念の観測変数は3個以上（標準化回帰係数の上位3位）とする．
3) 次の条件により，観測変数に対する信頼性分析を用いながら，該当の潜在変数を説明するために適した観測変数を選択する．ここでは，観測変数の冗長性を排除し，信頼性係数が過度に高くならないようにする観点から，類似する観測変数候補のいくつかを削除した上で変数選択を行う．
    (a) ある潜在変数に対応するすべての観測変数（n 個）を対象に，標準化回帰係数の値の低いものから3個になるまで順次削除する．これにより，潜在変数に対応する観測変数の組み合わせは3個から n 個までの $n-2$ 組となる．この $n-2$ 組それぞれについて信頼性係数（クロンバッハの α）を求め，$\alpha_3 \sim \alpha_n$ とする．

[*9] これらの変数群は共分散構造分析においては構成概念を表す潜在変数として定義され，質問紙調査や公表財務諸表から得られるデータによって観測される変数（観測変数）から，測定モデル（確証的因子モデル）を通じて計測される．これは，コスト低減活動や経営上のパフォーマンスといった構成概念を単一の変数で表すことが困難だからである．各構成概念はそれぞれに対応する観測変数から説明される．

9.3 M&Aの経営効果と財務効果

(b) モデル全体の簡素性を重視して，$\alpha_3 \sim \alpha_n$ の値に対する評価水準が $0.80 > \alpha > 0.70$ または $0.90 > \alpha > 0.80$ になる観測変数の組み合わせの中で，観測変数の個数が最小になる場合を1因子モデルの観測変数とする[*10]．

(c) したがって，クロンバッハの α 値が $0.90 > \alpha > 0.70$ で，かつ，観測変数の数が3個以上の最小となる場合の観測変数候補を観測変数として採用する．

以上から，m_1 の観測変数候補は質問紙調査票の質問項目（「提携に関する調査票」と同一）の ma から mh の8個であるが，上記の変数選択基準から，観測変数として採用するものは md, mh, mg となる（表9.1）．m_2 の観測変数候補は ra から rf の6個であるが，同様の変数選択方法により，rd, re, rc の3つを観測変数とする（表9.2）．P の観測変数候補は，pa から pf の6つがあり，同様に pa, pb, pc の3つを P の観測変数とする（表9.3）．

また，潜在変数 X の測定モデルの作成に用いる財務データの特色は，質問紙調査の標本企業（M&Aを実施した企業102社のうち，上場廃止や新規上場に

表 9.1 コスト低減活動 m_1 の観測変数選択

潜在変数 m_1 の観測変数候補 （質問紙調査票の質問項目）	標準化係数 の推定値	観測変数 の個数	α 値
md：物流（原材料・部品調達）コストの低減	0.828		
mh：物流（製品の配送）コストの低減	0.741	3	0.7896
mg：管理的コストの低減	0.679		
mf：販売コストの低減	0.554	4	0.8084
mc：原材料・部品費の低減	0.550	5	0.7929
me：製造コストの低減	0.377	6	0.7821
mb：研究開発コストの低減	0.215	7	0.7566
ma：設備投資の抑制	0.019	8	0.7243

表 9.2 研究開発活動 m_2 の観測変数選択

潜在変数 m_2 の観測変数候補 （質問紙調査票の質問項目）	標準化係数 の推定値	観測変数 の個数	α 値
rd：研究開発コストの抑制	0.870		
re：研究開発期間の短縮	0.806	3	0.7444
rc：技術融合によるシナジー効果	0.477		
rf：相手企業の特許・パテントなどの利用	0.338	4	0.6892
rb：得意分野（技術）の持ち寄り	0.214	5	0.7179
ra：情報収集	0.127	6	0.6677

[*10] クロンバッハの α に関する評価のランクは，$0.60 > \alpha$(unacceptable), $0.65 > \alpha > 0.60$(undesirable), $0.70 > \alpha > 0.65$ (minimally acceptable), $0.80 > \alpha > 0.7$ (respectable), $0.90 > \alpha > 0.80$ (very good), $\alpha > 0.90$(consider shortening the scale by reducing the number of items) とされる [10]．

表 9.3 経営上のパフォーマンス P の観測変数選択

潜在変数 P の観測変数候補 (質問紙調査票の質問項目)	標準化係数 の推定値	観測変数 の個数	α 値
pc：利益面の効果	0.776		
pb：コスト低減面の効果	0.718	3	0.7799
pa：経営全般への効果	0.713		
pd：経営のスピード面の効果	0.582	4	0.7741
pe：市場の拡張面の効果	0.455	5	0.7585
pf：研究開発力の強化	0.160	6	0.7161

より財務データの入手が困難な企業を除く95社）の25種類の財務指標について，M&Aを当該企業が実施した前後の3年平均の差を採用した点にある．

ここでは，サンプル企業の財務状況を説明するのに適した要因の数および特色を把握するため，このデータに対して相関行列法による主成分分析を行い，標本企業の財務状況の変化を表すのに適した因子を抽出し，そのうち第1因子を構成する財務指標を構成概念の測定に用いる観測変数の候補に充てる．

この第1因子には，使用資本利益率，使用資本営業利益率，使用資本経常利益率，株主資本経常利益率，売上高利益率，売上高営業利益率，売上高経常利益率が含まれ，いずれも損益面の財務業績に関係する点が共通する．これらの指標を潜在変数 X の観測変数候補とし，潜在変数 m_1, m_2, P の観測変数選択と同様の手続きにより潜在変数 X の測定モデルを作成する．その結果，売上高経常利益率 xa，使用資本営業利益率 xb，売上高利益率 xc の3変数を潜在変数 X の測定モデルの観測変数として選択する．

以上により，m_1, m_2, P, X の観測変数は次の通りとなる（表 9.4）．

表 9.4 潜在変数と観測変数

潜在変数	観測変数
m_1	物流 (原材料・部品調達) コストの低減 md，管理的コストの低減 mg， 物流 (製品の配送) コストの低減 mh
m_2	研究開発コストの抑制 rd，研究開発期間の短縮 re，技術融合によるシナジー効果 rc
P	経営全般への効果 pa，コスト低減面の効果 pb，利益面の効果 pc
X	売上高経常利益率 xa，使用資本営業利益率 xb，売上高利益率 xc ＊M&A 前3年間の平均値と M&A 後3年間の平均値の差

9.3.2 コスト低減・パフォーマンス・財務指標の関係性

これらの潜在変数に関して，まず，潜在変数 m_1, P, X 間の関係については，次の3つの因果関係の存在を推定できる．

9.3 M&A の経営効果と財務効果

1) M&A によるコスト低減活動 m_1 は，経営上のパフォーマンス P に影響する．
2) 経営上のパフォーマンス P は，財務指標の改善効果 X として観測される．
3) M&A によるコスト低減活動 m_1 は，財務指標の改善効果 X に影響する．

これらの因果関係を含む潜在変数間の構造と，潜在変数 m_1, P, X それぞれの測定モデルを前提にモデル 1-1（図 9.1）を作成し，仮説 1 を検証する．

仮説 1 M&A においては，コスト低減活動は財務指標の改善を促進する．

モデル 1-1 の適合度検定の結果（標本数：95），あてはめモデルの有意確率は 0.124 で 0.05 を上回っており，モデルは棄却されない．モデル適合の尺度[*11]である CFI は 0.994 で 0.9 を上回りほぼ 1.0 に近く，AIC はこのモデルが最小 (92.112，飽和モデル 108.000，独立モデル 1,518.923) であるので，このモデルは受容できる．

一方，m_1 から P と P から X への影響がないとする帰無仮説に対するワルド検定統計量は，それぞれ 1.819 と 2.474 である．したがって，前者は有意水準 5%（検定統計量：1.965）では帰無仮説は棄却されないが，有意水準 10%（検定統計量：1.645）で棄却され，後者は 5% 水準で棄却される．しかし，m_1 から X への直接的な因果関係に関するワルド検定統計量は -1.549 と帰無仮説は棄却されない．したがって，仮説 1 は間接的には採択される．

表 9.5 モデル 1-1 における潜在変数間の関係

標準化総合効果				標準化直接効果				標準化間接効果			
	m_1	P	X		m_1	P	X		m_1	P	X
P	0.290	0.000	0.000	P	0.290	0.000	0.000	P	0.000	0.000	0.000
X	-0.136	0.326	0.000	X	-0.230	0.326	0.000	X	0.095	0.000	0.000

m_1 から X への直接効果は負，間接効果は正，総合効果は負となるが（表 9.5），m_1 から P と P から X への直接効果と，m_1 から X への間接効果はいずれも有意水準 5% で正となるので，コスト低減活動が経営上のパフォーマンスを高め

[*11) 一般的には GFI や AGFI をモデル適合の尺度とすることが多いが，ここでは分析に使用したデータに欠測値があるため，共分散構造分析に利用したソフトウェア (AMOS) では，それらは算出されない．AMOS では，MAR（ミッシング・アトランダム）の仮定を想定した上で欠損値を考慮した最尤推定を行っているが，GFI や AGFI は欠損値の存在を前提としていないため出力されず，通常は CFI で代替する．

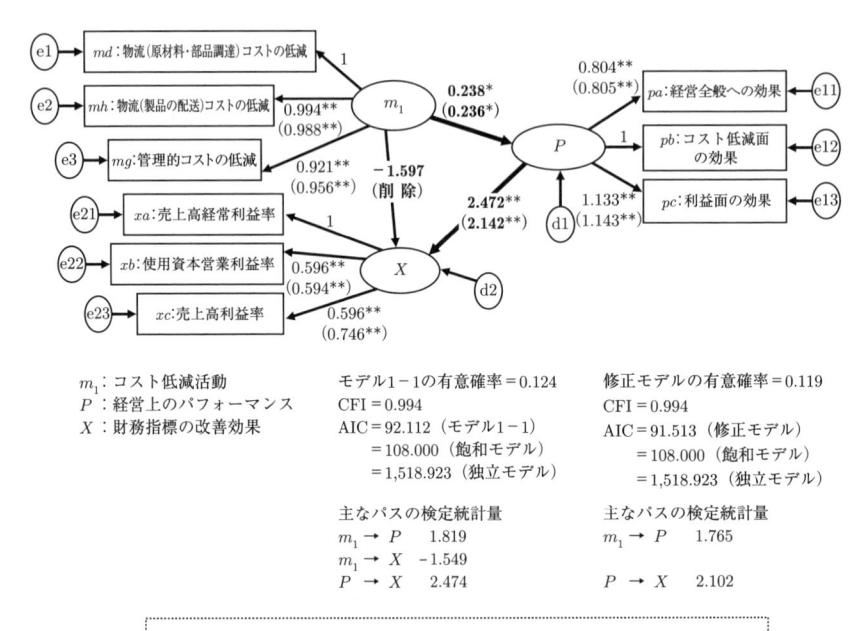

152　9　共分散構造分析を用いた M&A や提携の目的と効果の因果関係の検証

[図：パス図]

m_1：コスト低減活動
P　：経営上のパフォーマンス
X　：財務指標の改善効果

モデル1-1の有意確率 = 0.124
CFI = 0.994
AIC = 92.112（モデル1-1）
　　= 108.000（飽和モデル）
　　= 1,518.923（独立モデル）

主なパスの検定統計量
$m_1 \to P$　1.819
$m_1 \to X$　−1.549
$P \to X$　2.474

修正モデルの有意確率 = 0.119
CFI = 0.994
AIC = 91.513（修正モデル）
　　= 108.000（飽和モデル）
　　= 1,518.923（独立モデル）

主なパスの検定統計量
$m_1 \to P$　1.765
$P \to X$　2.102

凡　例　　各パスに付した数字は相関係数，下段（　）は修正モデルの相関係数
　　　　　ワルド検定の有意性（**：有意水準5%，*：有意水準10%）

図 9.1　モデル 1-1/修正モデル

るならば財務指標の改善にプラスの影響を及ぼすと解することができる．

　つまり，コスト低減活動と財務業績の直接的な関係のみに着目したのでは，コスト低減活動が財務業績に影響を及ぼすとはいえないが，経営上のパフォーマンスという評価項目を介在させると，間接的にはプラスの効果を観測できる．この結果からは，コスト低減活動をしてもパフォーマンスが上がらなければ財務指標の改善は達成されない，すなわち，パフォーマンスを上げられないようなコスト低減活動はコストを喪失させ，財務指標に悪影響を及ぼすことが示されている．逆に，M&A により，マネジメントシステムの改善に資するようなコスト低減活動が行われるならば，財務指標の改善効果が得られる可能性がある．

9.3.3　M&A によるコスト低減に関する修正モデル

　モデル 1-1 では m_1 から X への直接の影響は非有意かつ負値となった．そこで，サイモン・ブレイロック法により有意でないパス（m_1 から X）を削除した

修正モデルにより仮説2を検証する（図9.1，相関係数などは下段（　）で表示）．

仮説2　M&Aにおいては，経営上のパフォーマンスを高めるコスト低減活動は財務指標の改善を促進する．

修正モデル（標本数：95）では，あてはめモデルの有意確率，CFIやAICともにモデルの有意性と適合性の問題はない．m_1からPとPからXへの影響に関するワルド検定統計量はそれぞれ1.765と2.102で，前者は有意水準10%，後者は有意水準5%で帰無仮説は棄却される（図9.1）．また，m_1からPとPからXへの直接効果，m_1からXへの総合効果はいずれも正なので，M&Aによるコスト活動と財務指標の改善効果は正の相関性を持つといえる（表9.6）．

表9.6　修正モデルにおける潜在変数間の関係

標準化総合効果				標準化直接効果				標準化間接効果			
	m_1	P	X		m_1	P	X		m_1	P	X
P	0.283	0.000	0.000	P	0.233	0.000	0.000	P	0.000	0.000	0.000
X	0.072	0.253	0.000	X	0.000	0.252	0.000	X	0.072	0.000	0.000

修正モデルでは，経営上のパフォーマンスを高めるコスト低減活動が財務指標の改善に促進的に作用することが観測できるので，仮説2は採択される．

つまり，m_1がPに好ましい影響を与え，PのXに対する促進的な働きが測定されるので，「M&Aによるコスト低減活動が経営上のパフォーマンスに好ましい影響を与える場合に財務指標を改善させる」という因果関係の存在が否定されない．すなわち修正モデルからは，コスト低減活動は間接的に財務指標の改善効果に影響することが示唆される．

9.3.4　M&Aによる研究開発活動

M&Aによるコスト低減活動との対比のために，モデル1–1のm_1を研究開発活動m_2に置き換えたモデル1–2により，仮説3，4を検証する（図9.2）．

仮説3　M&Aにおいては，研究開発活動は財務指標の改善を促進する．

仮説4　M&Aにおいては，経営上のパフォーマンスを高める研究開発活動は財務指標の改善を促進する．

適合度検定の結果（標本数：95），あてはめモデルの有意確率は0.05を下回っているのでモデルは棄却されるが，CFIは1.0に近いこと，AICはこのモデルの

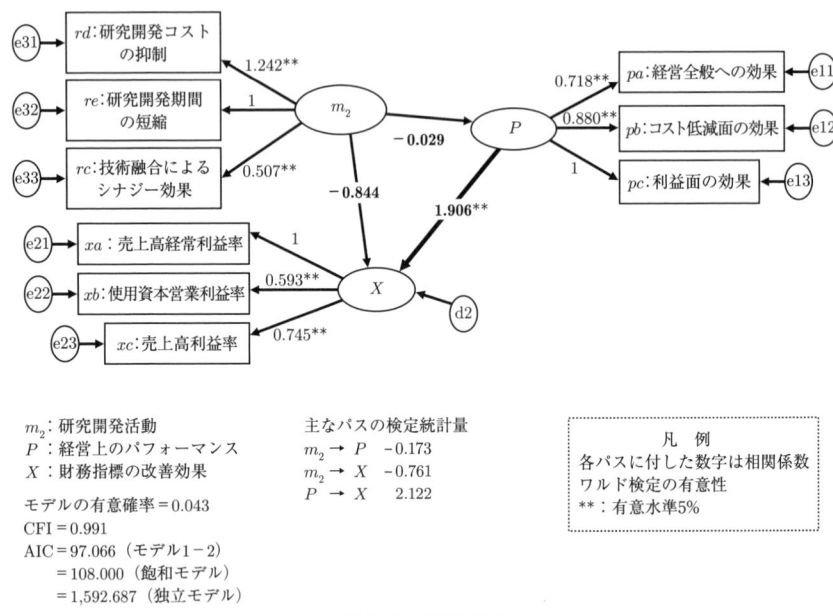

154   9　共分散構造分析を用いた M&A や提携の目的と効果の因果関係の検証

```
        ┌─────────────┐                              ┌─────────────┐
(e31)→│rd:研究開発コスト│                            │pa:経営全般への効果│←(e11)
        │  の抑制      │ 1.242**                     └─────────────┘
        └─────────────┘ ＼        0.718**            ┌─────────────┐
        ┌─────────────┐   ＼    ╱  0.880**          │pb:コスト低減面の効果│←(e12)
(e32)→│re:研究開発期間│ 1  (m₂) ──────→ (P) ──────→  └─────────────┘
        │  の短縮      │   ╱    −0.029       1       ┌─────────────┐
        └─────────────┘ ╱                            │pc:利益面の効果│←(e13)
        ┌─────────────┐0.507**                       └─────────────┘
(e33)→│rc:技術融合による│  −0.844  ↓  ↑ 1.906**
        │  シナジー効果 │          
        └─────────────┘          
        ┌─────────────┐     1
(e21)→│xa:売上高経常利益率│←─────
        └─────────────┘       ＼
        ┌─────────────┐0.593**  (X) ←(d2)
(e22)→│xb:使用資本営業利益率│←─
        └─────────────┘       ╱
        ┌─────────────┐0.745**
(e23)→│xc:売上高利益率│←─
        └─────────────┘
```

m₂：研究開発活動　　　　　主なパスの検定統計量　　　┌─────────────────┐
P：経営上のパフォーマンス　$m_2 \to P$　−0.173　　　│　凡　例　　　　　│
X：財務指標の改善効果　　 $m_2 \to X$　−0.761　　　│各パスに付した数字は相関係数│
　　　　　　　　　　　　　 $P \to X$　　2.122　　　　│ワルド検定の有意性　│
モデルの有意確率 = 0.043　　　　　　　　　　　　　　 │**：有意水準5%　　　│
CFI = 0.991　　　　　　　　　　　　　　　　　　　　　└─────────────────┘
AIC = 97.066（モデル1-2）
　　 = 108.000（飽和モデル）
　　 = 1,592.687（独立モデル）

図 9.2　モデル 1-2

場合が最小なので，モデルは自体は受容できる．しかし，m_2 から P と m_2 から X への影響がないとする帰無仮説に対するワルド検定統計量はそれぞれ −0.173 と −0.761 なので，いずれの帰無仮説も棄却されない．したがって，M&A による研究開発活動から経営上のパフォーマンスおよび財務指標の改善効果に対する影響はいずれも否定されるので，仮説 3 と仮説 4 は棄却される．

9.3.5　潜在変数と観測変数の特徴

　m_1 は，物流（原材料・部品調達）コスト，管理的コスト，物流（製品の配送）コストを観測変数とする場合に最も適合性が高いので，これらのコストが M&A におけるコスト低減活動でパフォーマンスに好ましく作用する傾向を持つ．

　管理的コストは人件費や一般管理費などの固定費に相当する部分を含んでおり，当事者たる企業同士の価値連鎖やコスト構造への「踏み込んだ統合」がなければコスト低減の実現性は高くない．この「踏み込んだ統合」の程度は，相手企業に対する支配力の強弱に影響される．M&A は相手企業の意思決定をすべて存続会社に統合するという点で，提携よりも相手企業に対する強い支配を

実現させる．つまり，M&A によるコスト低減活動の観測変数に管理的コストの低減が含まれていることに鑑みると，コスト構造の中核を占めるコストの低減には相手企業に対する強い支配力の獲得が重要であると判断できる．

他の観測変数である物流（原材料・部品調達）コストと物流（製品の配送）コストは，生産機能の周辺部分であり，M&A による他企業からの外部経営資源の導入において，統合がコスト低減に直結する可能性が高い費目だといえる．

P は，経営全般への効果，コスト低減面の効果，利益面の効果の 3 変数から説明されるが，いずれも損益に関係する評価指標であり，M&A に伴う経営上のパフォーマンスは，貸借ベースよりも損益ベースで認識される傾向にある．

X は前述のように，収益性と密接な指標であることから，M&A によって生じる財務効果は収益面に現れる傾向が見られる．つまり，パフォーマンスと財務指標の改善効果の測定モデルを通じて，M&A によるコスト低減活動が企業経営に好ましく作用する分野は，損益面のパフォーマンスが中心的だといえる．

9.3.6 潜在変数間の因果関係についての考察

以上のように，M&A におけるコスト低減活動は経営上のパフォーマンスを経由して財務効果に結びつく可能性が観測される．ただし，モデル 1–1 と修正モデルの通り，M&A の結果が経営上のパフォーマンスや財務指標の具体的な改善効果として測定される場合は限られており，M&A の実行の際にコスト低減を重視したからといって，経営上のパフォーマンスや財務効果の好転を無条件にもたらすとは限らない．もっとも，低減対象コストや評価尺度となる財務指標の選択によっては，M&A による財務指標の改善のための規範の提示に結びつけられる可能性がある．一方，研究開発活動に関しては経営上のパフォーマンスおよび財務指標の改善との因果関係の存在は肯定されない．

このように，M&A ではコスト低減に関するパフォーマンスが財務指標に反映されやすい傾向にあるが，会計報告上の財務数値が企業の業績を測る上で表層的なものとすれば，M&A におけるコスト低減に関するパフォーマンスは企業経営の表層部分の改善効果として出現しやすい．その場合，M&A をめぐる企業の意思決定の問題として，相手企業の価値連鎖の統合や意思決定プロセスの統合，コスト構造の大きな改変によって達成される性格のコストを低減対象

とする場合や，物流コストのように当事者たる企業に重複する機能を統合する場合には，パフォーマンスとして認識され，かつ，損益面の財務指標の改善に結びつく可能性がある．

9.4 提携の経営効果と財務効果に関する検証

9.4.1 構成概念間の因果関係―提携によるコスト低減―

次に，モデル 1–1 の基本構造には変更を加えずに，提携に関するデータを用いて同様の因果関係を検証する．なお，潜在変数 t_1, t_2, P', X' の測定モデルに用いる観測変数も，前節と同様の手順で選択する[*12]（表 9.7）．

t_1：コスト低減活動 ⎱
t_2：研究開発活動 ⎰ 提携による活動
P'：経営上のパフォーマンス
X'：財務指標の改善効果

表 9.7 潜在変数と観測変数

潜在変数	観測変数
t_1	物流 (原材料・部品調達) コストの低減 td，管理的コストの低減 tg，物流 (製品の配送) コストの低減 th
t_2	研究開発コストの抑制 $r'd$，研究開発期間の短縮 $r'e$，技術融合によるシナジー効果 $r'c$，相手企業の特許・パテントなどの利用 $r'f$
P'	経営全般への効果 $p'a$，コスト低減面の効果 $p'b$，利益面の効果 $p'c$，経営のスピード面の効果 $p'd$
X'	売上高経常利益率 $x'a$，使用資本営業利益率 $x'b$，使用資本利益率 $x'c$
	* 提携の前 3 年間の平均値と提携の後 3 年間の平均値の差

t_1, P', X' の因果関係については，モデル 2–1（図 9.3）により，次の仮説を検証する．

仮説 5 提携においては，コスト低減活動は財務指標の改善を促進する．

仮説 6 提携においては，経営上のパフォーマンスを高めるコスト低減活動は財務指標の改善を促進する．

検定の結果（標本数：142），あてはめモデルの有意確率，および CFI と AIC

[*12] ここで得られた観測変数は，m_1, m_2, X, P の観測変数とは必ずしも一致しない．

9.4 提携の経営効果と財務効果に関する検証

図 9.3 モデル 2–1

の値からこのモデルは受容できる．

このモデルでは t_1 から P' と P' から X' への影響に関するワルド検定統計量がそれぞれ 2.337 と −1.364 となっており，前者は有意水準 5% では棄却されるが，後者は有意水準 10% でも棄却されない．また，t_1 から X' への直接的な影響についての検定統計量は 1.526 であるので，これも棄却されない．

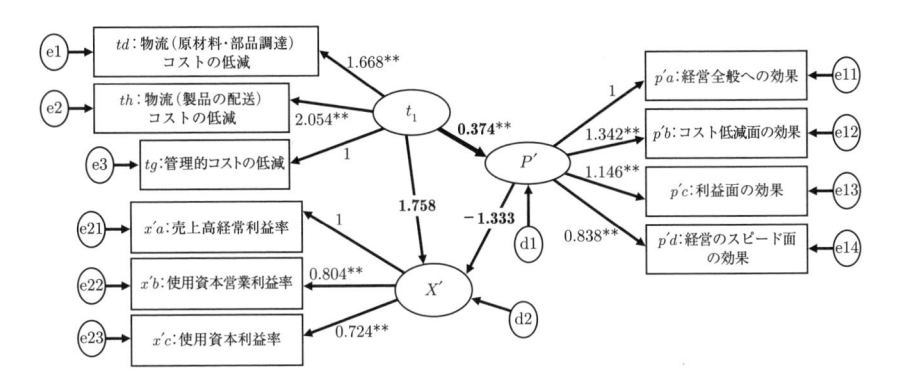

つまり，提携によるコスト低減活動は経営上のパフォーマンスには好ましい影響を与えるものの，財務指標の改善に正の効果を持つという因果関係の存在は統計的には有意とならない．したがって，仮説 5 と 6 は棄却される．

表 9.8 モデル 2–1 における潜在変数間の関係

標準化総合効果				標準化直接効果				標準化間接効果			
	t_1	P'	X'		t_1	P'	X'		t_1	P'	X'
P'	0.336	0.000	0.000	P'	0.336	0.000	0.000	P'	0.000	0.000	0.000
X'	0.140	−0.165	0.000	X'	0.196	−0.165	0.000	X'	−0.056	0.000	0.000

潜在変数間の効果（表9.8）については，t_1 から P' へは正の直接効果（有意水準5%）が観測される．しかし，P' から X' への直接効果は負（非有意），t_1 から X' への直接効果は正（非有意）である．一方，t_1 から X' への総合効果は正

であるが有意ではなく，t_1 から X' への間接効果は負（非有意）となっている．

つまり，t_1 は直接的には X' には有意ではないがプラスに働く傾向があり，かつ，t_1 は P' には有意に結びついている．しかし，パフォーマンスが好ましいと経営者などが認識しても，財務改善効果にはマイナスに作用する傾向が見られる．これは，パフォーマンスを上げるコスト低減活動を行っても，むしろコストを喪失させ，財務指標に悪影響を及ぼす可能性を示している．

このように，提携によるコスト低減活動は M&A の場合とは異なり，経営上のパフォーマンスの有無という評価項目を介在させても，財務業績にプラスの効果を及ぼすことを観測できない．

9.4.2　提携による研究開発活動

次に，モデル 2–1 の t_1 を研究開発活動 t_2 に置き換えたモデル 2–2 により，次の仮説を検証する（図 9.4）．

　　仮説 7　提携においては，研究開発活動は財務指標の改善を促進する．
　　仮説 8　提携においては，経営上のパフォーマンスを高める研究開
　　　　　　発活動は財務指標の改善を促進する．

モデル 2–2 の検定の結果（標本数：142），あてはめモデルの有意確率が 0.015 と 0.05 を下回り，モデル適合性は棄却されるが，CFI は 0.992 と 1.0 に近いこと，AIC はこのモデルが最小であることから，このモデルは受容できる．

このモデルでは，t_2 から P' と P' から X' への影響に関する帰無仮説は，ワルド検定統計量がそれぞれ 3.381（有意水準 5 %）と −1.835（有意水準 10%）なので棄却される．また，t_2 から X' への直接的な因果関係についての検定統計量は 2.471 と棄却される．すなわち，t_2 から P' と t_2 から X' への正の影響，P' から X' への負の影響が肯定される．

つまり，M&A とは異なり，提携による研究開発活動では，経営上のパフォーマンスの向上と財務諸表上の業績改善に結びつく可能性は否定されない．しかし，財務指標の改善に対する経営上のパフォーマンスへの負の効果が測定されるので，研究開発活動がパフォーマンスを向上させ，それが財務指標の改善効果として観測されるという因果関係は有意ではない．したがって，仮説 7 は採択されるが，8 は棄却される．

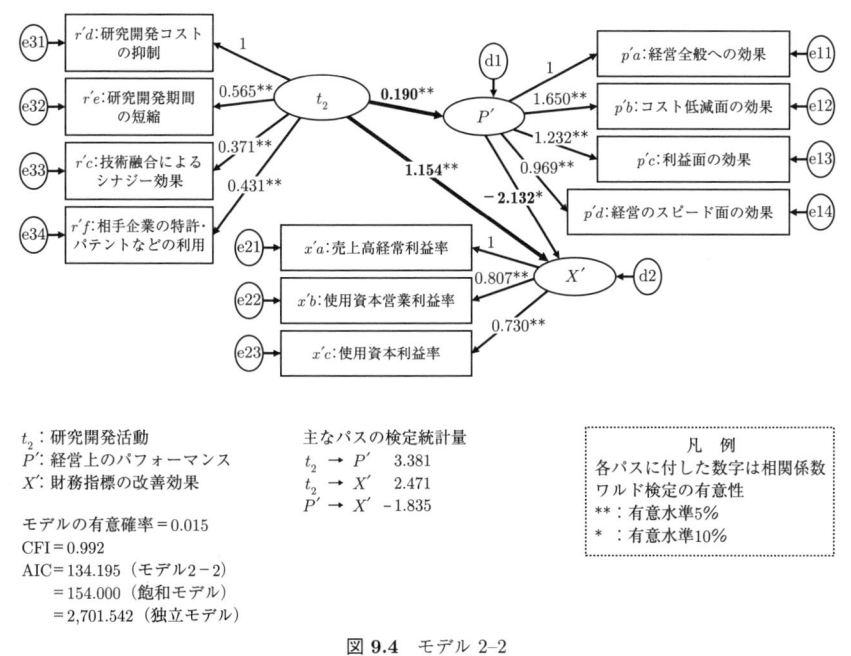

9.4 提携の経営効果と財務効果に関する検証

```
         1
e31 ─ r'd:研究開発コスト
        の抑制
                0.565**              0.190**           1
e32 ─ r'e:研究開発期間         t₂ ─────────→  P'  ──── p'a:経営全般への効果 ─ e11
        の短縮                                    1.650**
                0.371**                         1.232**  p'b:コスト低減面の効果 ─ e12
e33 ─ r'c:技術融合による                          0.969**
        シナジー効果    0.431**      1.154**              p'c:利益面の効果 ─ e13
e34 ─ r'f:相手企業の特許・                      -2.132*
        パテントなどの利用                                p'd:経営のスピード面の効果 ─ e14
                                                    1
         1
e21 ─ x'a:売上高経常利益率 ──────
                           0.807**   X'  ─ d2
e22 ─ x'b:使用資本営業利益率
                           0.730**
e23 ─ x'c:使用資本利益率
```

t_2：研究開発活動   主なパスの検定統計量   凡　例
P'：経営上のパフォーマンス $t_2 \to P'$　 3.381   各パスに付した数字は相関係数
X'：財務指標の改善効果 $t_2 \to X'$　 2.471   ワルド検定の有意性
                      $P' \to X'$　-1.835   **：有意水準5%
モデルの有意確率＝0.015   * ：有意水準10%
CFI＝0.992
AIC＝134.195（モデル2-2）
　　＝154.000（飽和モデル）
　　＝2,701.542（独立モデル）

図 9.4　モデル 2-2

9.4.3　提携における潜在変数と観測変数の特徴

t_1 については，M&A の場合と同様の観測変数（低減対象コスト）によって説明される場合に最も適合性が高い．

t_2 は，研究開発コストの抑制 $r'd$，研究開発期間の短縮 $r'e$，技術融合によるシナジー効果 $r'c$，相手企業の特許・パテントなどの利用 $r'f$，の4変数から説明される．研究開発コストの抑制や研究開発期間の短縮は価値連鎖の統合によって促進されやすいものであり，M&A でも同様の傾向となっている．しかし，M&A では見られない $r'f$ が出現していることから，提携では外部資源導入の成果をただちに経営に反映させることを求める傾向が強いことがうかがわれる．

P' は，経営全般への効果 $p'a$，コスト低減面の効果 $p'b$，利益面の効果 $p'c$，経営のスピード面の効果 $p'd$，の4変数から説明されるが，経営のスピード面の効果を除きいずれも損益部分に関係する評価指標である．したがって，M&A と同様，提携に伴う経営上のパフォーマンスは損益ベースで認識される傾向にある．また，t_2 の観測変数の現れ方と同様の傾向として，M&A では選択されな

い $p'f$ が P' の観測変数として現れていることから，提携では M&A よりも，経営のスピードが重視される傾向が強いといえる．

9.4.4 潜在変数間の因果関係

モデル 2–1 では，提携によるコスト低減活動は経営上のパフォーマンスを高めても，財務指標に対して負に作用する傾向がある．他方，提携では研究開発活動が財務指標を改善するのに有効である．つまり，提携による研究開発活動は財務指標の改善に結びつく可能性が高いが，コスト低減活動は財務指標の改善につながらない傾向にある．研究開発や新製品開発を推進する場合には，迅速かつ柔軟性のある外部資源の導入手法である提携の方が，M&A に比べて効果を生みやすいものといえる．

一方，モデル 2–2 では，経営上のパフォーマンスの向上と財務指標の改善効果が負の因果関係にある．すなわち，提携における研究開発活動は，パフォーマンスおよび財務指標の改善にプラスの効果を及ぼすが，パフォーマンスの向上は財務指標の改善にはマイナスに作用する．このことは，提携では，研究開発活動によってもたらされるパフォーマンスの向上と，研究開発活動によって生じる財務指標の改善は性格を異にすることを示唆している．これは，提携の成功についての企業経営者による評価が，財務業績とは別の尺度で判断される傾向にあることを意味する．

以上の結果は，研究開発のために提携を選択するか，独力で研究開発を模索するか，という問題の中で，研究開発のための提携はコストの節約には有効であることを示唆している．しかし，提携の効果はコスト低減に立脚する財務指標の改善という形では現れるわけではないことも併せて示している．ここから，研究開発を成功させるための提携は研究開発投資などに大きな財務的負担をかけるため，短期的には財務業績がマイナスに現れると解釈できる．

9.5 　　　　拡張モデルの分析

9.5.1 　M&A における 5 個の潜在変数の関係

これまで M&A に関して，潜在変数 m_1, P, X と m_2, P, X のそれぞれの因

果関係を見てきたが，次に，これらの潜在変数すべてを含む構造モデルを検証し，M&Aによる諸活動全体を俯瞰して考察する．

競争優位の実現方法はコスト・リーダーシップと差別化に大別されるので[11]，市場での競争力が他社を上回ることを競争優位とするならば，市場での競争力の強化は，コスト・リーダーシップと差別化の上位概念と位置付けることができる．そこで，市場での競争力の強化を表す潜在変数として M&A による市場拡大活動 m_3 を定義し，それが，コスト・リーダーシップを表す変数としてのコスト低減活動 m_1，差別化を表す変数としての研究開発活動 m_2，および P, X に影響すると仮定する．

$$m_3：市場拡大活動（M\&A による活動）$$

m_3 の観測変数候補[*13]は，sa から si の9変数であるが，9.3節と同様の手順から，sa, sb, sc, sf, sg, si の6つを観測変数とする（表 9.9）．

表 9.9　市場拡大活動 m_3 の観測変数選択

潜在変数 m_3 の観測変数候補 （質問紙調査票の質問項目）	標準化係数 の推定値	観測変数 の個数	α 値
sb：業界標準の確立	0.787	3	0.6890
sa：価格競争力の維持・強化	0.595		
sc：市場での分業の確立	0.567		
si：ブランドイメージの向上	0.468	4	0.6926
sf：物流網の相互利用	0.379	5	0.6720
sg：販売網の相互利用	0.339	6	0.7019
sd：新たな地域での市場獲得	0.209	7	0.6870
sh：顧客サービスの充実	0.204	8	0.6848
se：新たな顧客層の獲得	0.056	9	0.6711

以上の仮定により，モデル 1–3 を作成する（図 9.5）．

モデル 1–3 の適合度検定結果を見ると有意確率が 0.000 であり，モデル全体の適合は棄却される．しかし，カイ2乗検定は標本数に敏感に依存する性質がある[12]．一方，CFI の値は 0.970，このあてはめモデルの AIC の値（340.503）が飽和モデルおよび独立モデルの AIC の値を下回っているので，このモデルは真の共分散構造を十分近似しているものと判断する．

また，各潜在変数（5個）とそれに対応する観測変数の関係では，いずれのパ

[*13] 質問紙調査では，他と同様に問 11（市場対応の内容）としてデータを収集した．

[図: パス図 — 潜在変数 m_1, m_2, m_3, P, X と観測変数の関係]

主要なパス係数:
- sc: 市場での分業の確立 ← m_3 (e43)
- sf: 物流網の相互利用 ← m_3 0.787** (e44)
- sg: 販売網の相互利用 ← m_3 0.652** (e45)
- sb: 業界標準の確立 ← m_3 0.869** (e42)
- si: ブランドイメージの向上 ← m_3 0.568** (e46)
- sa: 価格競争力の維持・強化 ← m_3 1 (e41)
- $m_3 \to m_1$: 1.062**
- $m_3 \to m_2$: 0.398**
- md: 物流(原材料・部品調達)コストの低減 ← m_1 1 (e1)
- mh: 物流(製品の配送)コストの低減 ← m_1 1.007** (e2)
- mg: 管理的コストの低減 ← m_1 0.960** (e3)
- rd: 研究開発コストの抑制 ← m_2 1.479** (e31)
- re: 研究開発期間の短縮 ← m_2 1 (e32)
- rc: 技術融合によるシナジー効果 ← m_2 0.507** (e33)
- $m_1 \to P$: 0.320**
- $m_1 \to X$: −0.184
- $m_2 \to P$: −0.271
- $m_2 \to X$: −1.153
- $P \to X$: 1.871*
- pa: 経営全般への効果 ← P 0.718** (e11)
- pb: コスト低減面の効果 ← P 0.876** (e12)
- pc: 利益面の効果 ← P 1 (e13)
- xa: 売上高経常利益率 ← X 1 (e21)
- xb: 使用資本営業利益率 ← X 0.594** (e22)
- xc: 売上高利益率 ← X 0.746** (e23)
- $sc \leftarrow m_3$: 0.635**

m_1: コスト低減活動
m_2: 研究開発活動
m_3: 市場拡大活動
P: 経営上のパフォーマンス
X: 財務指標の改善効果

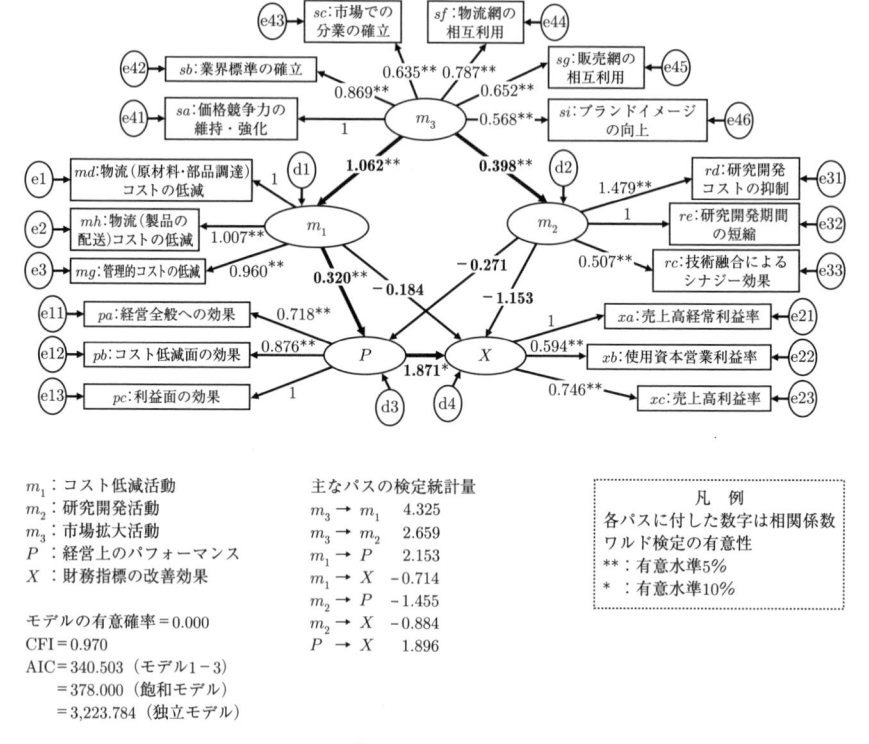

モデルの有意確率 = 0.000
CFI = 0.970
AIC = 340.503（モデル1-3）
    = 378.000（飽和モデル）
    = 3,223.784（独立モデル）

主なパスの検定統計量
$m_3 \to m_1$ 4.325
$m_3 \to m_2$ 2.659
$m_1 \to P$ 2.153
$m_1 \to X$ −0.714
$m_2 \to P$ −1.455
$m_2 \to X$ −0.884
$P \to X$ 1.896

凡 例
各パスに付した数字は相関係数
ワルド検定の有意性
** : 有意水準5%
 * : 有意水準10%

図 9.5　モデル 1-3

スも（共分散構造分析の性格上，観測変数の1つについては1に固定），有意水準5%を満たしており，5つの潜在変数すべての観測変数は構成概念の測定変数の要件を満たす．

　各潜在変数の関係を見ると，m_3 から m_1，m_3 から m_2，m_1 から P への影響へのパスに関する検定統計量が，それぞれ 4.325，2.659，2.153 と 5% 水準で有意となる．また，P から X へのパスについての検定統計量は 1.896 と 5% 水準では棄却されないが，10%水準では棄却され，パス係数の大きさからもこのモデルを受容できる[8]．

　しかし，m_1 から X，m_2 から P，m_2 から X へのパスの検定統計量は，それぞれ −0.714，−1.455，−0.884 となっており，いずれについても有意な影響は観測されない．したがって，競争力強化を M&A で図るとコスト低減活動と研究開発活動が誘発されるが，これは，この両者の中でパフォーマンスや財務業

績に結びつくのはコスト低減活動のみということを意味している.

また, m_3 から m_1 と m_2 への直接効果はいずれも有意であり, かつ正なので, M&A によって市場拡大を図ると, コスト低減活動と研究開発活動を促す可能性が認められる (表 9.10).

しかし, m_3 から X への総合効果がマイナスであることから, M&A によって市場拡大を図っても, それがコスト低減活動や経営上のパフォーマンスの向上を経て財務業績の向上に結びつかなければ, 財務業績にプラスの効果を生じさせないといえる. ただし, m_1 から X への総合効果は有意で正なので, M&A においてコスト低減活動を採用し, それがパフォーマンスを高めるならば, 財務指標を改善させる可能性を持つ. すなわち, M&A により財務指標を改善するには, パフォーマンスを高めるようなコスト低減活動を展開しなければ効果を生じないといえる. これは, モデル 1–1 で得られた知見と同様である.

表 9.10 モデル 1–3 における潜在変数間の関係

標準化総合効果

	m_3	m_2	m_1	P	X
m_2	0.432	0.000	0.000	0.000	0.000
m_1	0.889	0.000	0.000	0.000	0.000
P	0.213	−0.230	0.351	0.000	0.000
X	−0.027	−0.188	0.061	0.250	0.000

標準化直接効果

	m_3	m_2	m_1	P	X
m_2	0.432	0.000	0.000	0.000	0.000
m_1	0.889	0.000	0.000	0.000	0.000
P	0.000	−0.230	0.351	0.000	0.000
X	0.000	−0.131	−0.027	0.250	0.000

9.5.2 提携における 5 個の潜在変数の関係

提携についても同様に, モデル 2–1 に潜在変数 t_2 と t_3 (市場拡大活動) の測定モデルを加えた拡張モデル 2–3 を作成する (図 9.6). なお, t_3 の観測変数は図 9.6 のように $s'f$, $s'g$, $s'h$ の 3 個となる.

モデル 2–3 を検定すると (標本数: 142), あてはめモデルの有意確率が 0.000 であり, モデル適合性の問題は解消されないが, CFI と AIC の値から, このモデルを受容することは可能である.

t_1 から P', P' から X' への影響に関するワルド検定統計量は, それぞれが 2.751, −2.121 なので, いずれも有意水準 5% で棄却できる. ただし, 後者は負の因果関係として観測される. しかし, t_1 から X' へのパスについては 1.356 と 10% 有意水準でも棄却できず, 有意な影響は観測されない. したがって, 提携ではコスト低減活動と経営上のパフォーマンスには正の因果関係が存在するも

のの，逆に，パフォーマンスと財務指標の改善の関係は負の因果関係となっている．

t_2 と t_3 については，t_3 から t_1，t_3 から t_2 へのパスのワルド検定統計量は，それぞれ 5.028, 2.965 でいずれも有意水準 5% で棄却できる．このことから，提携における市場拡大活動は M&A と同様，コスト低減活動と研究開発活動によって説明できる．また，t_2 から P'，t_2 から X' へのパスはそれぞれ 2.656, 2.244 なので有意水準 5% で棄却される．したがって，提携では研究開発活動が経営上のパフォーマンスと財務指標の改善に促進的に働いている．

一方，潜在変数間の効果（表 9.11）については，t_1 から P' へは正の直接効果（有意水準 5%）が観測されるが，P' から X' への直接効果は負（非有意），t_1 から X' への直接効果は正（非有意）である．また，t_1 から X' への総合効果は正であるものの，有意ではない．

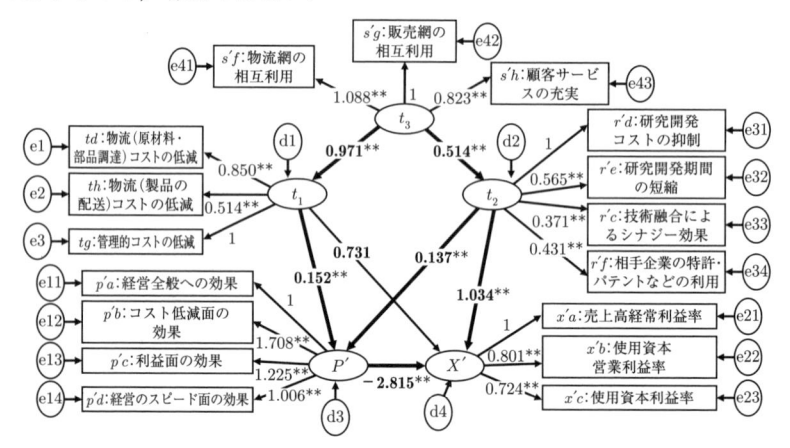

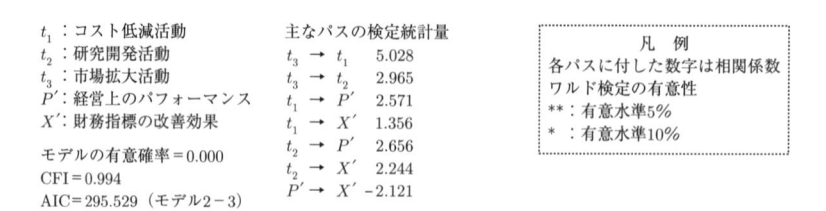

図 9.6 モデル 2–3

表 9.11 モデル 2-3 における潜在変数間の関係

標準化総合効果

	t_3	t_2	t_1	P'	X'
t_2	0.719	0.000	0.000	0.000	0.000
t_1	0.358	0.000	0.000	0.000	0.000
P'	0.353	0.318	0.332	0.000	0.000
X'	0.106	0.106	0.070	−0.298	0.000

標準化直接効果

	t_3	t_2	t_1	P'	X'
t_2	0.719	0.000	0.000	0.000	0.000
t_1	0.358	0.000	0.000	0.000	0.000
P'	0.000	0.318	0.332	0.000	0.000
X'	0.000	0.255	0.169	−0.298	0.000

以上のように，モデル 1-3(M&A) では市場拡大活動はコスト低減活動と研究開発活動を促進するが，経営上のパフォーマンスの向上と財務指標の改善効果につながる可能性はコスト低減活動のみである．モデル 2-3（提携）では，市場拡大活動がコスト低減活動と研究開発活動を促進し，コスト低減活動と研究開発活動はともに経営上のパフォーマンスを高める傾向を有するものの，財務指標の改善効果をもたらすのは研究開発活動のみである．

このように，M&A と提携の拡張モデルの比較[*14]でも，M&A と提携の構造が対照的であることが判明し，それらの知見については，モデル 1-1（修正モデル），1-2，およびモデル 2-1，2-2 と同様の傾向にある．

9.6 検証結果と結論— M&A と提携の効果の比較—

以上を整理すると，M&A ではコスト低減活動が財務指標の改善を促進するが，提携では促進的でないことが示される．一方，M&A による研究開発活動に関してはパフォーマンスや財務指標の改善への促進的な影響は観測されない．提携では逆に，研究開発活動がパフォーマンスおよび財務指標の改善に促進的に働く傾向が観測される．しかも，M&A によるコスト低減では長期的評価（経営者などの主観的評価）と短期的評価（財務指標上の評価）の評価尺度（価値）が一致する傾向にあるが，提携では両者の評価尺度（価値）は異なる傾向にある．

このような両者の対照的な傾向からは，パフォーマンスに対する経営者などの価値評価が，M&A では財務指標に置かれる程度が高く，提携では財務指標

[*14] 上記の M&A と提携の比較とともに，モデル 1-3（M&A）とモデル 2-3（提携）のミニマムモデル（潜在変数はそのままにして観測変数は両者に共通したもののみを選択）を作成した．これは，両方のモデルの観測変数について共通するものが大部分を占めているためである．検証の結果，モデル 1-3 とミニマムモデル，モデル 2-3 とミニマムモデルの差は，ほとんど観測されなかった．

以外の経営上の効用に重点が置かれる傾向にある，と判断できる．M&A と提携では，それらの実行を通じて実現しようとする経営上の価値が異なるわけである．

こうした差異が生じる根拠は，M&A ではコスト構造の変革や価値連鎖の再編・統合などを通じて相手企業への強い支配を実現することが可能である反面，相手企業の経営資源のタイムリーな導入には有利ではないからだと判断できる．提携はその逆で，相手企業への支配力という点ではなく，必要な経営資源を迅速かつ弾力的に導入する点では，M&A よりも優れた形態である．

コスト低減活動に関しては，M&A ではコスト構造に切り込まなければ削減が難しい管理的コストや，M&A の当事者に共通するコストをターゲットにすると効果が認識され，損益面の財務効果が生じる可能性が高いことが示される．提携では，研究開発活動を通じて研究開発に密着した費目の低減や相手企業の経営資源の円滑な導入が実現される場合に財務指標の好転につながる可能性が示される．そこには，相手企業への支配力の強弱や，経営資源の導入に関する柔軟性の強弱が影響している．

さらに，M&A ではコスト低減活動が経営上のパフォーマンスとして評価され，計測されうる財務効果が生じることから，財務的な動機と M&A を実施する動機が一致する可能性が高いことを指摘できる．しかし，提携における研究開発活動では財務効果は計測されるものの，同時に，非財務的な動機（インセンティブ）が大きいことも示されている．

以上に照らすと，パフォーマンスや財務指標の向上のために M&A や提携によって他企業の経営資源を導入する場合には，経営目的に応じて M&A ないしは提携を選択しなければならない，と結論付けられる．その場合，コスト低減や研究開発の内容，パフォーマンスや財務指標の評価項目として，本章で示した各潜在変数に対応する観測変数をそれぞれ重視することが重要である．

また，本章で示したようなアプローチを試行することにより，M&A や提携の効果を測定する上での共通した判断基準や測定方法の発展が期待できよう．

文　献

1) Doz, Y. L. and Hamel, G., *Alliance Advantage: The Art of Creating Value through Partnering*, Harvard Business School Press, 1998.
2) Das, T. K. and Teng, B. T., "A Resource-based Theory of Strategic Alliances", *Journal of Management*, **26**(31), 31–61, 2000.
3) 山本達司, 景気変動と M&A の性格, Business Insight (Winter), 16–27, 2002.
4) 鈴木浩三, 日本における企業間関係の構築によるコスト低減戦略, 管理会計学, **7**(1–2), 65–89, 1999.
5) 西村優子, 戦略的研究開発パートナーシップと管理会計情報, 事業再編支援の管理会計の研究　平成 15 年度最終報告書, 日本会計研究学会, 23–35, 2003.
6) 土井教之, 近年の合併・アライアンス—特徴と課題—, Business Insight (Spring), 41–47, 2003.
7) 小林啓孝, 事業再編のための企業評価, 中央経済社, 2001.
8) 山本嘉一郎, 小野寺孝義編, Amos による共分散構造分析と解析事例, ナカニシヤ出版, 1999.
9) Bollen, K. A., *Structural Equations with Latent Variables*, John Wiley, 1989.
10) Dukes, K. A., "Cronbach's Alpha", Armitage, P. and Colton, T. (eds.), *Encyclopedia Biostatistics* (2nd ed.), John Wiley, 1026–1028, 1999.
11) Porter, M. E., *Competitive Advantage*, The Free Press, 1985.
12) 豊田秀樹, 共分散構造分析［入門編］—構造方程式モデリング—, 朝倉書店, 1998.

―――――――《お薦めの 3 冊》―――――――

- 『Amos による共分散構造分析と解析事例』, 山本嘉一郎, 小野寺孝義編, ナカニシヤ出版, 1999.

  共分散構造分析において, 観測変数と構成概念の選択・決定方法や, その因果関係を測定するにあたって不可欠な留意事項を, Amos ソフトを使った複数の事例分析によって具体的かつ学術的に示すもので, 共分散構造分析を実際に行う際に有益な知識を得られる.

- 『共分散構造分析［入門編］—構造方程式モデリング—』, 豊田秀樹, 朝倉書店, 1998.

  共分散構造分析の概念や関係する理論について詳細にわたる解説がなされており, 共分散構造分析の体系的な理解を助けるとともに, 学術論文などを作成する際に, 理論面における精緻な議論を行う上での基本書となるものである.

- 『事業再編のための企業評価』，小林啓孝著，中央経済社，2001．
  管理会計の観点から M&A や提携を扱った研究が少ない中で，事業再編に関係する M&A や提携の管理会計的な意味やコストなどとの関係について議論を行う際には，有益な示唆を得られる．

索引

欧文

ADF（Augmented Dickey/Fuller）検定　99
ADR　114
AIC　99, 151, 156, 158, 161, 163
AR (AutoRegressive)　99
ARCH（AutoRegressive Conditional Heteroscedasticity）　97

Broad Tape　117

CAPM（Capital Asset Pricing Model）　51
CFI　151, 156, 158, 161, 163
CRSP　117

DF（Dickey/Fuller）検定　99
Dynamic OLS　103

EBITDA　131, 136
Engle による共和分の検定方法　97, 101

GAAP　112–114, 116
GARCH モデル　4
Granger による共和分の検定方法　97, 101
Granger の因果性　9
　　──の検定　106

IASB　111
IASC　111

IEM（Iowa Electronic Markets）　34

Johansen による共和分の検定方法　103–105

KPSS (Kwitakowski/Phillips/Schmidt/Shin) 検定　100

M&A　3, 5, 6, 10, 144, 147, 151, 160, 165

PP（Phillips/Perron）検定　100

RATS　97
ROA　131, 136, 138

SBC 基準　99

VAR（Vector AutoRegression）　96, 103

ア行

アナログ型の予測先物　38
アノマリー　2
アメリカンプットオプション　70, 79, 89

意思決定　2, 7, 12, 52, 154
意思決定プロセス　155
1 因子モデル　148
一般化加法モデル　129
一般化線形モデル　4, 128
遺伝的アルゴリズム　64

イベントスタディ 4, 5, 113
因果関係 147, 148, 153
インプライドボラティリティ 80

浮棒グラフ 21

衛星市場 114
エージェントベースモデル 53, 65

オッズ比 129, 136
オプション 79

カ 行

回帰分析 96
会計基準の収れん 111, 112, 120, 123
外国為替相場 117
カイ2乗検定 47
外部経営資源 144, 155
価格変動リスク 15
各潜在変数 161
格付け 3, 5, 10, 129, 139
確率微分方程式 4
仮説検定 10
価値連鎖 147, 154, 155, 159, 166
株式型の予測先物 38
加法順序ロジットモデル 136
カリフォルニア工科大学 44
観測変数 148, 161
感応度チェック 120
感応度分析 123

企業価値の推定 113
擬似実験 115, 120
基準金利 71
期待効用 43
期待収益率 15, 55
期待値 40
期待不足額 26
客観的効果 146
キャッシュフロー 17, 45

キャップレット 83
―――の評価式 73
キャピタリゼーション 131, 136
競争優位 161
共分散構造分析 10, 146
共和分 9
共和分検定 97, 101
共和分ベクトル 102
許容乖離幅 16
金融工学 2, 9, 53
金融市場分析 2
金利デリバティブ 5, 79

組み合わせ型の予測先物 39, 44
クロス上場 112, 113, 116
クロンバッハの α 148

経営上のパフォーマンス 147, 148, 151, 156, 158, 165
経営のスピード 160
経営の非財務的側面への効果 145
決定係数 97
研究開発活動 147, 148, 153, 156, 158, 160, 161, 165
現在価値 31
検定統計量 162

構成概念 147
構造モデル 148
行動ファイナンス 52, 53, 65
効率的フロンティア 23, 26
合理的期待均衡モデル 52, 53
合理的な投資家 27
国債 9
―――の性質 70
国際会計基準 111
国際会計基準委員会 111
国際会計基準審議会 111
個人向け10年変動利付き国債 71
コスト構造 154, 166

索　引

コスト低減活動　147, 148, 151, 153, 156, 161, 165
コスト・リーダーシップ　161
コモントレンド　9, 106
コンスタントマチュリティ・スワップ　73
コントロール　115, 120

サ　行

裁定機会　42
裁定取引　52
最適化　4, 6
最適化モデル　17
財務会計　2, 3
財務指標の改善効果　148, 152, 153, 156, 158, 165
財務的効果　145
サイモン・ブレイロック法　152
先物型の予測先物　38
差別化　161

事業計画策定　30
時系列解析　4, 9
時系列分析　5, 6
資産クラス　15
資産配分　2, 24
市場拡大活動　161, 163, 165
事象型の予測先物　38, 45
市場の効率性　51, 52, 65
市場リスク　2
自信過剰　56
自然選択　58, 61, 64, 66
質問紙調査　145
私的情報　43
シミュレーション　4, 6, 13, 17, 19, 76
尺度データ　147
社債格付け　126
10年スワップション　80
主観的確率　41, 47
主観的評価　146
主観的予測　43
瞬間的なボラティリティ　76
順序プロビットモデル　127

順序ロジットモデル　127, 128, 135, 138
純利益　113
条件付き信念　115
情報効率的　60
情報の非対称性　113
正味現在価値　46
正味現在価値分析　31
将来キャッシュフロー　31, 44, 46
将来予測　30
ショートフォール確率　25, 26
人工市場　3, 6, 8, 34
信用リスク　2
信頼性係数　148
信頼性分析　148

数値解法　4
数値型の予測先物　38, 45
スポットレート　74

政策資産配分　16
絶対値型の予測先物　39
ゼロサム・ゲーム　42
線形計画法　4
潜在変数　147, 157, 163, 165

相関係数　82
操作　120
相対値型の予測先物　39
創発　53
存続会社　154

タ　行

対数正規分布　48
対数尤度　138
ダイナミックス　74
多重共線性　133
ダービン・ワトソン比　97
ダブルオークション　34
多変量解析　4
単位根　9, 96

単位根検定　96, 99
短期的評価　166
単独型　39

中途換金　72
超過収益　54, 55, 58, 59, 62
長期的評価　165

月次収益率　15
積立比率　19

提携　3, 6, 10, 144, 156, 163, 165
定常時系列　95
適応度　66
適合度検定　151
適用利率　71
デジタル型の予測先物　38
デリバティブ　2, 4, 51

投資戦略　58, 59
動的計画法　4
得票率　35
得票率予測先物市場　35
突然変異　64

ナ　行

日経平均株価指数　14
ニュートン法　18

年金 ALM (Asset and Liability Management)　13
年金資金　7
年金資産運用　13
年金制度　12
年金負債　14

ハ　行

バイアンドホールド　54
配当　54
パス係数　148
パッシブ運用　51, 52, 54, 55, 57–62, 65

バミューダン型オプション　79
パラメトリック　119
バリュー・アット・リスク　25
判別分析　4, 5

比較対照群　117
非線形計画法　4
ビッド・アスク・スプレッド　43
非定常時系列　95
ヒューレット・パッカード社　44
評価尺度　166
標準化回帰係数　148

ファイナンス　51
ファンダメンタリスト　56, 57, 59, 60, 62
ファンダメンタルバリュー　56, 57, 60
フィッシャー仮説　102
フォワードレート　74
フォワードレート・マーケットモデル　74
負債キャピタリゼーション比率　131, 136, 138
プットオプションの価値　89
ブートストラップ　117, 119, 122
ブラウン運動　56
ブラック・ショールズ公式　84, 85
ブラックボラティリティ　76
フロア　85
　　――の水準　72, 88
フロアレット　83
プロスペクト理論　56
分散投資　15
分布の適合　47

米国預託証券　114
米大統領選挙　35

法人向け 15 年変動利付き国債　71
ポートフォリオ　19, 23, 54
ボトムアップ　53
ボラティリティ　33, 45, 57, 75
　インプライド――　80

索　引

　　瞬間的な―― 76
　　ブラック―― 76

マ 行

マネーネス 89
満期 71

ミスプライス 112
見せかけの回帰 97

無リスク資産 54

目標収益率 17
モンテカルロ・シミュレーション 20, 76

ヤ 行

尤度比検定 103, 139

予測市場 8, 33, 34, 37, 40, 43
予測証券 34, 40

ラ 行

ランダム・ウォーク 122

リアルオプション 2, 6, 48
利益 54
利益公表 114
リサンプリング 117, 119
リスク 7, 8, 22
リスク回避度 55
リスク管理 13
リスク許容度 15, 22
リスク資産 54
リスク中立ドリフトの近似手法 77, 78
リスク中立フォワードレート 77
リターン 7, 8, 22
リードタイム 44
リバランス 16

累積再投資率 89

ワ 行

割引率 40
ワルド検定 135
ワルド検定統計量 151, 157

編著者略歴

牧本直樹
(まきもとなおき)

1964 年　石川県に生まれる
1992 年　東京工業大学大学院理工学研究科
　　　　博士課程修了
現　在　筑波大学大学院ビジネス科学研究科准教授

シリーズ〈ビジネスの数理〉5
金融・会計のビジネス数理　　定価はカバーに表示

2007 年 9 月 15 日　初版第 1 刷

編著者　牧　本　直　樹
発行者　朝　倉　邦　造
発行所　株式会社　朝　倉　書　店

東京都新宿区新小川町6-29
郵便番号　162-8707
電　話　03(3260)0141
Ｆ Ａ Ｘ　03(3260)0180
http://www.asakura.co.jp

〈検印省略〉

© 2007〈無断複写・転載を禁ず〉　　東京書籍印刷・渡辺製本

ISBN 978-4-254-29565-8 C 3350　　Printed in Japan